シッシー＆ワッシーと学ぶ

判例の読み方

青木人志 著

有斐閣

序 獅子王と鷲王の会話
——シッシー・ワッシーの誕生秘話

　獅子殿。貴殿とはずいぶん長い付き合いになり申す。有斐閣の社章が制定されたのが昭和22（1947）年であるから、今年（2017年）でちょうど70年。まことに歳月の逝くこと朝露の如し。社章の意匠は、「獣の王といわれる獅子と、鳥の王といわれる鷲を題材にしたもの。それは、社会科学から、やがては人文科学と自然科学の両分野における最高の権威書を出版目標にしよう、といった意味である。」と社史に

記載されておる。その間, われらは隣り合った枠の中で微動だにせずおったが, さすがにそろそろ飽きては参らぬか。このような窮屈な枠に幽閉されておると, 余の自慢の翼も中途半端にしか広げられぬ。息苦しくてならん。

🦅　鷲殿, 貴公はまだマシではないか。朕は, その間ずっと片脚立ちじゃ。傍目にははなはだ楽しげに見えるかもしれぬが, この姿勢はじつにしんどい。社章の中では時が止まって歳をとらぬのはよいが, 体力はそれでも消耗するときているからこいつはたまらん。昭和のうちはなんとかなったが, 平成に入った頃から右脚がぷるぷる震え始めた。腰も痛いし, 尾だってずいぶん窮屈に枠の中に折り曲げておる。もはや限界じゃ。

🦅　御同情申し上げる。そういえば過日も貴殿を見た大学生のカップルが,

「このライオンのポーズ, よく見るとやべえ。阿波踊りか！」
「てか, だるまさんがころんだ, じゃない？」

などと, はなはだ不敬な口を利いておった。黙って堪えておられた獅子殿の心中いかばかりかとお察しする。

🦅　御気遣い, かたじけない。いまは, ほとんど気合いだけでかろうじて立っておる。そういう貴公も, よくよく拝見するとずいぶん痩せ細っておられる。無礼を承知で申さば, いささかミイラのごとき御風情であられるが, 大丈夫か。

鳥類の王らしく「武士は食わねど高楊枝」を気取りたいところではあるが，なにしろ，70年間飲まず食わずゆえ，ひもじくて倒れそうじゃ。両脚を必死で踏ん張るだけでは足りず，尾羽まで地面につけて，いわゆる三脚の原理をもってして，かろうじて痩躯を支えておる。中途半端に広げっぱなしの翼の筋肉の痛みもあって，目つきもついつい険しくなってしまう次第。面目なきことである。で，ときに獅子殿。長きにわたり法学徒の傍におるとはいえ，われらの居場所はいつも書籍の函やカバーや背ばかり。法律書の中身をほとんど読んだことがござらぬ。余はそのことが常に心にかかっておるが，貴殿は如何か。

　　いかにも。かろうじて本の最後の奥付のページには入れてもらえるが，そこから見えるのはせいぜい索引の最終ページのみじゃ。

　　老舗法律出版社の社章をつとめてきたわれら両王が，法律に関していわば目に一丁字も無いというのは，いささか恥ずべきことではあるまいか。じっとしているのも我慢の限界，腹も減っておる。老いてきたとはいえ法律の手習いもしてみたいもの。そろそろ社章の枠の外に出てゆくというのは如何なものか。

　　妙案ではあるが，いかなる手だてにて外に出られようぞ。

獅子王と鷲王の会話

うむ，じつは過日，有斐閣の社長エグサ公より放たれた密使2名がひそかに余の許に参った。ナカノ，ミヤケと名乗る「くのいち」じゃ。貴殿と余が今後シッシー，ワッシーと名乗るのと引き換えに枠から出してやってもよい，しかもそうすれば判例の読み方を学ばせてやってもよい，という取引を持ちかけてきおった。社内では両王様について"シッシー"・"ワッシー"という愛称がすでにかなり流布しております，とも申しておったな。

いやはや猛烈に軽薄な愛称であることよ。

アイドルグループのごとき「メンバー・カラー」も決まっているようじゃ。社章を見てのとおり貴殿がレッドで拙者がブルー。

ますます羞恥に堪えぬ。

ごもっとも。しかし，獅子殿，それもまた世の無常，時の移ろいというものではあるまいか。われらが誕生した頃と比ぶれば，有斐閣の社風も，社員の言葉遣いも，すっかり様変わりしてしもうた。若き日にあえて「うつけ」を演じた織田信長公のひそみにならい，ここはひとつ取引に応じ，シッシー，ワッシーとあいなって，判例の読み方を初歩から学んでみるのもまた一興というものではあるまいか。王の矜持なぞ，学びの愉しみに比ぶれば，ちっぽけなものよ。よもや惜しくな

ぞあるまい。

 うむ、しばし考えてみると、いかにも、まったくそのとおりじゃ。

 では話に乗ってみるといたすか。

 誰だ！

  鷲王様を先日おたずね申し上げたナカノとミヤケにございます。

 おお、お前たちか。お前たちの提案に乗ってみることにするぞ。

 よき御決断をなされた気配をお察しし、ミヤケともども再度参上仕りました。こたびは私どもの秘術をもってして、お二人を王様方と知られぬよう御変身させてさしあげとうございます。

 面白そうじゃ。やってみい。

  承知仕りました。ではロッポウの呪文を、いざ。

臨・兵・闘・者・憲・民・刑・商・両・訴・法！

 キャッホー！　ワッシー君。

 げ，キャラ変，早っ！　ぷっ，君の顔，なんだかヒマワリみたいだ。

 君のほうこそなんだか見たことあるぞ。「魅せられて」を歌ったジュディ・オングかな？

 そのたとえ，若者には絶対にわからないから。

 ネットで画像検索してくれるよきっと。でもなんかもっと似ているのがあったような気がする……。なんだっけなぁ……。キングギドラ？　いやちょっと違うか。ウルトラマンのオイル怪獣ペスター？　いやこれも違う。うーん。気

になるなぁ……。あっ！ 思い出したっ！ 1970年の紅白歌合戦で「愛は不死鳥」を歌ったときの布施明の衣装だよ，そうだ，絶対そうだ！

どうでもいいけど，何，そのマニアックな知識。

居間の書棚に長年置かれていた本の背からテレビだけはよく見えたからね。あー思い出せてスッキリした。それにしても枠の外ってのびのびして気持ちいいねぇ。気が向いたら四つ足になってもいいってのは，ほんとに楽だ。久しぶりにシマウマを食べたいな。もうかれこれ70年も食べてないからね。なんだったら君も一緒に狩りに行くかい？

おさそいありがとう。でも，ほら，僕らは判例の読み方を勉強するために外に出てきたんだから。

あっ，そうか。「はんれい」の読み方だったね。君は頭がいいなぁ。僕は何でもすぐ忘れちゃうよ。じゃあ早く民どもと一緒に勉強しようか。

だめだよ「民ども」なんて言ったら。まだ君は王侯気分が抜けないんだねぇ。枠の外はもう法の下の平等の世の中なの。

ホーノモトノビョードー？ それ，シマウマよりおいしい？

あのね，シッシー。法の下の平等っていうのは「概念」だから食べられないよ。

ふーん。ガイネンは食べられないのか。ガゼルは食べられるのに。

（まいったなぁ。人はよさそうだけれど，まさかのバカ殿キャラが相棒か……。）

ところで，どうやって「はんれい」の読み方を勉強するのかな。

アオキ先生っていう人が有斐閣の会議室に来て教えてくれるらしい。

どうしてその先生が選ばれたの？

それはよくわからない。

ふーん。もし教え方が下手だったら，その先生，食べちゃっていいかな？

ダメっ！

どんな人なの？

50歳を過ぎた中年太りの人らしい。

食べるのやめとくよ。

当たり前だってば！

 体に悪そうだし。

もくじ

序 獅子王と鷲王の会話
　　――シッシー・ワッシーの誕生秘話　　1

I 判例って何？　　13

II 民事判例の読み方　　23

III 刑事判例の読み方　　77

IV おわりに　　129

登場人物紹介

ワッシー
元の姿は有斐閣社章の左側（鷲）。常識人。真面目に勉強に取り組む。シッシーに対し時に困惑しつつ，ツッコミとフォローを欠かさないナイス相棒。

シッシー
元の姿は有斐閣社章の右側（獅子）。やや愚鈍であるが優しい性格。奔放な発言でワッシーとアオキ先生を振り回すが，ときに鋭いことを言う。

アオキ先生
ひょんなことから有斐閣の会議室に呼び出され，シッシー＆ワッシーに勉強を教える。2人から信頼されるが，たまに古いことを言って引かれる。

I 判例って何？

 アオキ先生，お待たせしました。この2人が先日お伝えしたシッシーとワッシーです。

 やぁ，シッシー，ワッシー，初めまして。今日から2人と一緒に判例の読み方を勉強するアオキといいます。よろしくお願いします。

 よろしくね。

 がんばります。

 私たちはこれで失礼します。先生，2人のことをよろしくお願いします。

 わかりました。さて，シッシーとワッシー，お聞きのとおりさ。今日と明日の2日間，君たちと一緒に勉強してくださいって頼まれちゃったんだ。もしかしたら，教え上手だって思われちゃったのかもしれないなぁ。

（この先生，謙虚じゃないな……。）

 とまぁ，そんなわけで，君たちと2日間ご一緒することになりました。今日は民事判例を読んで，明日は刑事判例を読もうと思うんだけど，いいかな？

 いいよ。

 わかりました。では，先生，さっそくですが質問があるんです。

 どうぞ。

 先生がいま手に持っている本は何ですか？ 3冊もありますね。

 あぁ，これはね，『判例六法』といって，有斐閣が出版しているものさ。一緒に勉強するときに役に立つから，君たちの分も持ってきたんだ。どんな本かというと，「判例」の要旨が，それに関連する条文のところに織り込まれる形で簡潔に載っている六法なんだ。さぁ，2人とも1冊ずつ受け取って。

 いただきます。

 ありがとう。でもロッポウって何？

「六法」というのは「法令集」のことさ。いろいろな種類の六法が出版されているけれど、この『判例六法』は、「判例も載っている法令集」なんだ。

あのぉ、すみません。「判例」っていうものが何かも、僕らはまだよくわからないんです。

ごめん、ごめん。たしかに、判例とは何か、ということがわからない段階で『判例六法』には判例が載っています、と説明しても意味がないね。

わかればよろしい。

こいつは失礼。「判例」をすごくおおざっぱに言うと「過去において裁判所が下した裁判」のことだ。なーんだそれだけか、と思うかもしれないけれど、結構、深い話が隠れているんだ。せっかくだから『判例六法』の「はしがき」を読んでみよう。こう書いてあるよね。

「判例は、裁判所が具体的事件を裁断するために、法令の意味内容を明らかにしたり、判断基準を提示したり、法の一般原則を具体化したりしたものですが、法の実務において常に参照され、わが国の法体系の重要な一部をなしています。」

つまり、これを3つに分解してみると、判例というのは、

裁判所が，

① 具体的事件を裁断するために，
② 法令の意味内容を明らかにしたり，判断基準を提示したり，法の一般原則を具体化したりしたもので，
③ 法の実務において常に参照され，わが国の法体系の重要な一部をなしている。

というわけだ。

　まず①。判例は「具体的事件を裁断する」ためのもの，つまり，あくまでも具体的な事件を裁判所が裁いた結果であって，事件と関係ないところで，理論的な推論だけでできてくるものではない。だから，法律を学ぶに際して，ある判例をよく理解するためには，裁判所が「どのような事件を裁くために，その判断を下したのか」を，しっかり確認することが大事だ。

　次に②。そのうえで，なぜ，そのような判断にたどり着いたのかを，裁判所の理由づけ（判決理由）を読んで理解し，それが適切かどうかを考えることが大事になる。「はしがき」に「法令の意味内容を明らかにしたり，判断基準を提示したり，法の一般原則を具体化したりしたもの」と書かれているのは，思い切って煎じ詰めてしまうと，「そのような結論に達した法律上の理由づけを示したもの」と言いかえてもいいだろう。

　最後に③。判例は，法の実務において常に参照され，わが国

の法体系の重要な一部をなしているということは，裁判官や検察官や弁護士や法律関係の仕事をしている人は判例がどうなっているかを常に意識して，それを参照しつつ仕事をしている，ということだね。このことを別の観点から言うと，判例がどうなっているかわからないと，法律の条文だけでは，わが国の裁判所で実際に適用されているルールの意味が十分にはわからない場合もある，ということになる。

 先生，いきなり話が長いよ。

 シッシー，気持ちはわかるんだけど，この程度でお手上げになってしまうようだと，判例の学習は難しいよ。法律学は言葉と論理の学問だから，ある程度の長い話を我慢してじっくり聞いたり，長い文章を読み通したりする忍耐力が必要だ。

 先生が最後に言っていた，法律の条文を読んだだけでは実際のルールがわからないって，どういうことですか？　もう少し説明してもらえませんか。

 法律は，誰が読んでも疑問の余地がないほど明確に書くことができればいいんだけど，それは結構難しいことなんだ。抽象的にしか書けないこともたくさんある。たとえば憲法の規定の多くはそうだ。考えてみてごらん。日本国憲法は，たった 103 条しかない。それでいて複雑極まりないこの世の中の法的問題を，その傘下に全部入れてしまおうというの

だから、憲法の規定はどうしても一般的で抽象的なものにならざるをえない。たとえば 23 条の「学問の自由は、これを保障する」なんていうのはその好例だね。「学問の自由」の内容に何が含まれるのか、「保障する」というのはどういうことなのか、この規定だけからはよくわからない。

あ、その憲法の条文、なんだか口調がいいですね。

5・7・5 で、俳句と同じ音数の条文だからね。

でも季語はない。

学問は春でしょ！　断然、春！　夏休みになるとだらけて勉強しなくなるし。

うふふ。そうかもしれないね。日本では春が入学シーズンで、「さぁ学問をするぞ」って、1 年生が張り切って大学に入ってくるからね。

　さて、話を続けると、憲法の下にある法律のレベルでも同じことが言えそうだ。たとえば民法には 1 条 3 項に「権利の濫用は、これを許さない」という規定がある。「権利」も「濫用」も、とても抽象的な言葉で、「権利」と総称されているものだって、具体的にはいろいろな種類があるんだ。おまけに権利の「濫用」になるかならないかの基準までは、条文にははっきり書かれていない。そもそも「濫用」というのは、とても難しい

概念だね。

そういう難しい言葉の意味はどうしたらわかるようになるのかな。

うん。そのために今日はもう1つ，君たちの勉強に役立つ本を持ってきた。有斐閣から出ている『法律学小辞典』(第5版，2016年)さ。わからない言葉を調べるのにうってつけの本なんだ。

え，なんですって？ 「うつけの本」ですって？ 僕にぴったりかも。

いや「うつけの本」じゃないよ，「うってつけの本」だよ。わからない言葉を調べるのにぴったりの本だってこと。さっそく，「権利濫用」という言葉を調べてみると，ある人の行為などが，「外形的には権利の行使とみられるが，その行為が行われた具体的な状況と実際の結果とに照らしてみると，権利の行使として法律上認めることが妥当でないと判断されることをいう」と解説されている。外形は権利の行使なのだけれども，それを正当な権利の行使だと法律上認めるのが適切ではないもの，というわけだ。

ごめんなさい，まだ，さっぱりわかりません。

同じく。

そうだねぇ，これだけだと漠然としていてわからないよね。『法律学小辞典』の説明そのものも，抽象的な説明になっているからね。結局は，具体的な裁判の場で，どのような行為が権利の濫用になるかという判断が積み重ならないと，条文の定めるルールの内容は具体的にはわからない。言いかえると，法律の条文の具体的な意味は，法律ができた後に裁判所の判断が積み重なって徐々に細部まで明らかになってくる，という側面があるんだ。

 なるほど。

 そんなこともあって，裁判実務の世界では，判例は常に参照されている。とくに下級裁判所は，最高裁判所の判例があれば，それにかなり強い影響を受ける。

 先生，下級裁判所って何ですか？

 そりゃ，下級ってくらいだから，身分の低い下っ端の裁判所ってことですよね？

 たしかにそんな感じがするね。でもね，下級裁判所というのは，最高裁判所と対になる概念で，高等裁判所，地方裁判所，家庭裁判所，簡易裁判所の4つを合わせて言うときに使うんだ。

 正直，わかりにくいです。「高等」裁判所が，「下級」裁判所の一種だなんて，ふつうは誰も思いませんよ。

そのとおりだね。ただ、現実問題として、法律学の用語には残念ながら日常的な意味だけではとらえきれない言葉がたくさんある。その内容を正確に理解するためには、常にその定義を『法律学小辞典』などで調べたり、法律の条文に戻ったりして確認することが必要だ。そういう意味では、法律学の勉強はちょっぴり外国語の学習に似ているところもある。

すごく基本的なことがわからないのですが、どうして、下級裁判所は最高裁判所の判例を気にするんですか？

司法、つまり裁判も、国家の権力作用の1つだから、そこに統一性や安定性がないのは困ると思わないか。たとえば、似たような事件について、そのたびごとに、あるいは、裁判所ごとに、あまりにも行き当たりばったりの結論が出ると、裁判という制度への信頼性が損なわれてしまうからね。じつは、その一方で、判例が時代とともに変化することも多いんだ。もっと勉強が進めばそれがわかるはずだ。でも、判例の勉強を始めたばかりの2人は、とりあえず、「現在の判例がどうなっているか」を理解することが重要だね。

もうおなかいっぱいだよ。先生の話、難しすぎる。かんべんしてよ。

そうだね。もうこれくらいにして、具体的な判例の勉強に入ろうか。

II 民事判例の読み方

民事裁判とその理解のポイント

まず，裁判には大きく分けて民事裁判と刑事裁判があるんだ。

どう違うの？

刑事裁判のほうから説明すると，刑事裁判というのは，刑罰法規，つまり，犯罪と刑罰に関する法令の適用に関する事件を裁く裁判だ。たとえば殺人事件を起こしたと疑われている人が裁判にかけられるというのがその例だ。このように，犯罪が成立するかどうか，成立するとしたらどの犯罪かを決めるのが典型的な刑事裁判だ。それ以外の，犯罪や刑罰とは関係ない紛争，つまり貸したおカネを返せとか，代金を払ったのだから物を引き渡せとか，事故でかかった治療費を弁償せよ，といった裁判は，みな民事裁判だ。

犯罪や刑罰についてのものが刑事裁判で、それ以外が民事裁判ね。

そうそう。最初はその理解で十分。刑事裁判のことは、明日ゆっくり話すから、まずは民事裁判の判例を読むときに押さえてほしいポイントを言うよ。いいかい。それは次のようなことなんだ。

> (1) 当事者は「誰」か。つまり、誰（原告）が誰（被告）を訴えたのか。
> (2) 原告は被告に「何」を求めたか（原告の請求内容）。
> (3) 原告の請求の「法律上の根拠」は何か。
> (4) 裁判所はその争いについて、どのような「事実」を認定したか。
> (5) 裁判所は原告の請求に対してどのような「判断」を下したか。
> (6) 裁判所がそのような判断を行った「理由づけ」はどのようなものか。

裁判所が判断するのは

最初の(1)にいう「当事者」というのは、法律学ではよく使われる言葉で、民事裁判、つまりおカネの貸し借りをめぐるトラブルのような市民の間の争いならば、「原告」（裁判所に訴える人）と「被告」（裁判所に訴えられる人）のことだ。

先生,「被告」って悪いヤツですよね。だって裁判に訴えられるようなひどいことをしたんだから。

そういう先入観を持ってはいけないんだよ。民事裁判でたとえば貸したおカネを返せと訴えられた人（被告）が，すでにおカネを返している可能性だってあるし，じつは「借りた」のではなく原告から「もらった」おカネだった，ということもありうるし，そもそも借りていないっていうことだってありうるからね。だいたい裁判になるようなもめ事というのは，当事者の主張がすれ違うからもめ事になるのであって，どちらの言い分が正しいかは，原告と被告がそれぞれ証拠を出し合って，中立な裁判官が慎重に調べてみないとわからないことが多い。裁判はそのためにある制度なのだから，訴えられた側に最初から落ち度があるなんて決めつけてはいけないよ。ましてや，民事裁判で訴えられる側が「悪人」だなんていうのは，絶対に持ってはいけない偏見だ。そもそも，裁判は良い人か悪い人かを決める場ではない。このところはよく考えてほしい。裁判で判断の対象となるのは，「原告の求めたことが法律に照らして認められるかどうか」ということに，あくまでも限定されている。その意味で，裁判に「人間的正義の最終的で全面的な実現」を期待するのは，過大な要求であって，裁判にできることは限界がある。このことは早い段階で理解しておいたほうがいい。

すみません,ちょっとがっかりです。

 なんだか夢がしぼむなぁ。

 もちろん理想を持つことは重要だよ。現在の法と裁判の限界を少しでも押し広げて,より正義を実現しやすい法や制度を作ろうとすること,より良い裁判にしようとすることは大事だ。でも,あたかも神さまが行うかのような,最終的で全面的で絶対的な正義の実現を裁判所に求めるのは,どだい無理なことなんだ。

 どうして？

 民事裁判で裁判所が判断する対象は,原告の被告に対する請求が法律のルールに定められた必要条件(これを「要件」という)に従って認められるかどうか,ということに限定されるから,原告が訴えていない人に対して裁判所があれこれ言うことはない。たとえば,紛争の関係者が何人もいたとしても,裁判では,その全員が裁かれるわけではない。民事裁判ならば,原告が請求の相手方として選んだ人,つまり被告に対して,そして被告に対してのみ,その請求が認められるかが証拠に照らして判断されることになる。

 そうなんですか。そんなことは,ふだん考えていませんでした。どちらかと言うと,時代劇に出てくる「遠

山の金さん」とか,「大岡越前」のようなえらい裁判官が大活躍して,もめごと全体をすっきり,きっぱり裁いてくれるんだろうと思っていましたが,ちょっと違うんですね。

うん。そんなに派手なものではないね。おまけに時代劇で奉行が活躍するのはだいたい現代でいう刑事裁判だね。民事裁判はそういう勧善懲悪(かんぜんちょうあく)の裁きではない。でもね,それはそれで味わい深いものなんだよ。では,さっそく民事判例の勉強に入ろうか。

今回読む最高裁判例

取り上げるのは,「最判昭和 63 年 4 月 21 日民集 42 巻 4 号 243 頁」だ。

サイハン? ミンシュウ? チャーハンとシュウマイみたいで,おいしそうだな。

「最判」は「最高裁判決」の略,「民集」は「最高裁判所民事判例集」の略なんだ。つまり,最高裁判所の昭和 63 年 4 月 21 日の判決で「最高裁判所民事判例集」という公式判例集の 42 巻 4 号 243 頁に登載されている判例を読んでみましょう,ということなんだ。

最初からそう言えばいいのに。

民事判例の読み方

でも,ほら,君たちはね,これから先,いろいろな文献で同じ略し方に出会うはずだから,いま覚えておくといい。教育的配慮ってやつさ。

 なんだか言いわけっぽいですよ,先生。キョーイクテキハイリョなんていう難しいコトバで,いたいけな僕らを煙に巻こうとしてませんか？

 まいったなぁ。わかったよ,なるべくやさしい言葉で話すようにするよ。あとね,これだけは言っておくけど,シッシーには「いたいけな」って表現はどうにも似合わないからね。

 先生！ いま先生が貸してくれた『判例六法』の巻末にある「判例年月日索引」っていうところを眺めているんですが,その判例は『判例六法』にも載っていました！民法722条のところです。

 ワッシーよく探したね。じゃあ『判例六法』にはその判例の要点がどんなふうな形で載っているか,その場所を探して私の代わりに読み上げてみてくれるかな。この年齢になるとね,小さい字がよく見えないんだよ。

 はい,わかりました。ちょっと待ってください……。ありました。えーと。こう書いてあります。

「身体に対する加害行為と発生した損害との間に相当因果関係があ

> る場合において，その損害が加害行為のみによって通常発生する程度，範囲を超えるものであり，かつ，その損害の拡大について被害者の心因的要因が寄与しているときは，損害賠償額を定めるにつき，本条2項を類推適用して，その損害の拡大に寄与した被害者の右事情を斟酌［考慮］することができる。」

 は？　何言ってるの？　さっぱりわからないけど。

 くやしいですが僕もわかりません。

 まぁ，わかることと言えば，すごく退屈だってことかな。どうしてこんなものが面白いんだろ。まったく先生の気が知れないよ。僕なんてね，まぁごぞんじのとおりライオンですからね，もともとは地平線の広がる果てしないサバンナでぴょんぴょん跳ねるトムソンガゼルを追っかけ回したり，爽やかな風の吹き抜けるバオバブの木陰で大きく真っ赤な夕日を眺めながら家族と一緒にごちそうのシマウマを食べたり，ときに宿敵のハイエナ軍団と獲物を奪いあって戦ったり。それはもう，毎日毎日，エキサイティングな暮らしを送っていたわけですよ，それがねぇ，こーんなにつまらないものを勉強しなきゃいけないなんて，考えただけでげんなりしちゃう。こんなんだったらいままでどおり有斐閣の社章の中で阿波踊りポーズで「だるまさんがころんだ」やってたほうがまだマシだったかも。

あーやだやだ！

判例の勉強は退屈？

おい，ちょっと，失礼なこと言うなよ。先生，ごめんなさい，シッシーに代わっておわびします。

いいんだワッシー。シッシーの言うとおりなんだから。

え？

ほら見たことか。僕の勝ち〜！　おれさまの勝ち〜！　朕（ちん）の勝ち〜！　うふふふ，ここらで一発，歓喜の叫び，やっちゃうぞぉー，**がおぉぉぉっ！**

もう，うるさいって。鼓膜が破れそうだよ。いまはね，いいかい，いまの段階ではね，シッシーの言うとおり，『判例六法』に書かれていることがわからなくてもいいし，それがむしろ当然なんだ。そしてその記載を読んで退屈に思えるのも，すごく当然のことなんだ。私だって，それだけ読んだら，ものすごくつまらないって感じるんだもの。ねぇワッシー，君だって，ほんとはそう思っていないかい？

あ，ええ，まぁ。ただ，そんなことを最初から言うと先生に失礼ですし，僕らはこれから判例を勉強するって宣言しちゃった生徒として，やる気を見せないといけない立

場ですから,ついホンネは言いにくくなっちゃって……。あらためてうかがいたいんですが,判例の勉強って,こういうのを理解して,暗記したりするってことじゃないんですか? そうだとすると,こういうのが面白いって思えないと,法学の勉強なんて,できないんじゃないかって思っていたんです。

　まぁ,そう,あわてないで。いまワッシーに読み上げてもらったのは,公式判例集の「民集」に載っている「判決要旨」という部分を下敷きにして,それをさらに『判例六法』に載せるために一部修正を加えたものなんだ。判例のいちばんの要点となる部分で,「判旨(はんし)」なんて呼ばれることもあるんだけれど,その内容は,民法の勉強がかなり進んだ人でないと,全部はわからないだろう。かなり複雑なことが専門用語で書かれているからね。判例を読む練習をこれからしようというビギナーの君たちは,わからなくても当然さ。最初からこれがわかるっていう人がいたら,むしろこっちがお目にかかりたいくらいだ。ただね,「その内容」はまだよくわからなくてもいいけれど,「その判旨の部分がどうして大事なのか」っていうことを,これからゆっくり説明するから,むしろそっちを理解してほしい。いまはそれがずっと重要な勉強になる。ついでに言うと,この判旨の部分を読んだだけで「ワクワクする〜」なんていうビギナーがいたら,これまたびっくりだ。悪いことは言わない,その人はちょっと自分を見つめ直してみたほうがいいかもね。なぜかと言うと,この判旨の「味わい」がわかる

ためには,判旨そのものだけを何度繰り返し読んでもダメで,その事件全体について詳しく知る必要があるからだ。逆に言うと,その事件全体を詳しく知ると,その判旨の面白さや味わい深さが,ようやくわかりだすはずさ。判旨というのは,そういうものなんだ。だから君たち2人には,この講義が全部終わって,最後にもう一度,退屈だったかどうか聞くことにさせてもらいたい。

 最後まで行ってもやっぱり退屈だったら,先生の負けね。罰ゲームどうしよっかな。追いかけっこ,かくれんぼ,先生どっちがいい? 追いかけっこのオニはチーターで,かくれんぼのオニはハゲワシね。

 どっちもいやだ。

 先生,シッシーはほっといて先に進みましょう。

再び,民事判例を読むときのポイント

 そうだね。まずは確認。これから判例を読むうえで,最終的に君たちに理解してほしいのは,次のようなことだったね。大事なことだから,もう一度言っておくよ。

> (1) 当事者は「誰」か。つまり，誰（原告）が誰（被告）を訴えたのか。
> (2) 原告は被告に「何」を求めたか（原告の請求内容）。
> (3) 原告の請求の「法律上の根拠」は何か。
> (4) 裁判所はその争いについて，どのような「事実」を認定したか。
> (5) 裁判所は原告の請求に対してどのような「判断」を下したか。
> (6) 裁判所がそのような判断を行った「理由づけ」はどのようなものか。

任せてください。しっかり頭に入れましたから。

たのもしいね。では，シッシーとワッシーの将来の勉強のために，もう少し補足しておこう。厳密に言うと，裁判は「三審制」といって，典型例は，地方裁判所→高等裁判所→最高裁判所という順番で審理されるのは知ってるよね。

ええ，まぁ，そのくらいは常識ですから。

地方裁判所が第1審となる事件については，その判断に不服があれば高等裁判所へ，さらに高等裁判所の判断に不服があれば最高裁判所にさらなる判断を求めることができる。そのように事件が第2審，第3審と進んでいった場合，それぞれの段階で，これを「審級」と言うんだけど，裁判所の

判断が下されるから、上の(1)〜(6)は、本当はもっと重層的で、第1審の原告と被告が、第2審や第3審でどのような主張をして裁判所がどのような判断を出したかを順番を追って理解することが必要になる。ま、それはおいおいわかってくるから、いまはあまり気にしないことにして、(4)から始めようか。それがいちばんわかりやすいから。とにかくまずは、この事件がどんな事件なのかっていうことが大事だからね。

 早く始めてよ。

 ではまず、「民集」に載っている最高裁の判決文を読んでみよう。「民集」というのは「最高裁判所民事判例集」のことだったね。今日は私が図書館で借りてきた。では、民集42巻4号の243頁を開いて、事実関係の部分を取り出して、段落ごとにじっくり読んでみよう。ここは大事だから、ゆっくりいくよ。「民集」には人名や住所が具体的に書いてある場合があるけれど、ここでは細かい情報は必要ないから、便宜上、ローマ字表記にしよう。重要なのは、第1審の原告で上告人（最高裁に不服を申し立てた人）でもある人を「X」として、第1審の被告で被上告人（最高裁に不服を申し立てられた人）のうち今回問題となる加害側の自動車を運転していた人を「Y」とするっていうことだよ、いいかい。こんなふうに、原告をX、被告をYとするやり方は、よく使われる方法だから、早く慣れるといいね。また、この事件では、Xが損害賠償を求めた相手

（被上告人）は加害車の所有者と運転者Ｙの２人いることが民集を見ればわかるんだけど，とくにＹに焦点が当たっているんだ。

事実関係の解読

最高裁は「原判決が適法に確定した事実関係は，次のとおりである」として，こう述べている。ちなみに「原判決」というのは，「（最高裁に上告つまり不服が申し立てられた）もとの判決」という意味で，この事件の場合，第２審（控訴審ともいう）である東京高等裁判所が出した判決のことだ。まずは第１段落。

「1　昭和44年3月20日午後6時40分静岡県浜松市ａ町ｂ番地先路上で本件事故が発生した。被上告人Ｙは，加害車を，時速40キロメートルないし50キロメートルの速度で，上告人Ｘ（当時52歳）が同乗し，その夫であるＡが運転している被害車の15メートルないし18メートル後方を追従して進行中，被害車が突然急停車したので，急ブレーキをかけて停止しようとしたが間に合わず，被害車の後部に自車の前部を接触させた。接触の際，Ａはブレーキを踏んでいなかったため，被害車は若干前に押し出された。しかし，その衝撃の程度は軽度であったが，接触の衝撃は，人体に感じうるものであった。Ｙは，直ちに下車して上告人Ｘ及びＡ（以下「上告人ら」という。）に負傷及び車体の損傷の有無を

> 尋ね，車体を点検したところ，目立った損傷も見つからず，また上告人らから何ら異常がない旨の回答を得た。しかし，念のため医師の診察を受けるよう，また，事故の申告のため警察に同行してもらいたい旨申し入れたが，上告人らは，帰りを急いでいるからと述べてYの氏名と住所を聞いただけで帰宅した。その後の点検によって，本件事故により，加害車には接触のため若干の凹損を生じ，被害車には肉眼では識別できないが手指の感触によって他の部分との違いがわかる程度の僅かな凹損等が生じたことが判明した。」（民集245頁）

事故の概略が書いてあるね。べたーっとした文章のままだとわかりにくいから，たとえば下のような関係図とメモを作ってみようか。民事事件の場合，関係図を描くと全体像がわかりやすくなるから，試しに描いてみるよ。

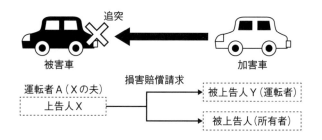

【事故発生日時・場所】
日時：昭和44年3月20日午後6時40分
場所：浜松市内

【どんな事故か】

自動車の追突事故

加害車（追突した車）を運転していたのはY（被上告人）。

被害車（追突された車）に乗っていたのはX（上告人）とその夫のA。Aが運転していた。

Yが時速40キロから50キロで走行中，前を走るXとAの車が急停車し，Yの車が後ろからその車に接触。

【損害の状況】

XとAは，怪我はないかとのYの問いかけに対し「何ら異常がない」と回答。

急いでいるからと言って，Yの氏名と住所を聞いただけで帰宅。

XとAの車は，肉眼ではわからないが触ってみるとわずかにへこんでいた。

Yの車にもわずかなへこみがあった。

そのうえで次の段落に進むよ。第2段落だ。

「2 本件事故後の上告人の症状は次のとおりであった。すなわち，上告人は，同月22日P病院に赴き，同病院のB医師に対し，当初は何の異常もなかったが，暫くして気分が悪くなり，頭，頸に痛みがあり吐き気がする等と訴えて同医師の診察を受けたところ，外傷性頭頸部症候群として約50日の安静加療を必要とするとの診断で入院を勧められたため，即日入院し，牽引，消炎剤，止血

剤の投与等の治療を受けた。同年5月29日ころから軽いマッサージの治療が始まったが、同年8月ころから頑固な頭痛、頸部強直、流涙等の症状が続き、昭和45年ころには頸部強直、左半身のしびれ、頭痛、嘔気、流涙等の症状が固定し、用便等のほかはほとんど離床せず、昭和46年12月15日ころまで注射、湿布及び赤外線・超短波・マッサージ等の物理療法による治療が継続された。上告人は、同日ころP病院を退院し、その後は自宅で療養を継続したが、時々B医師の往診を受けた。昭和49年10月当時頭痛、頸部痛、肩部痛、左上下肢がきかない、左上下肢のしびれ感、左足背部感覚障害、吐き気、左耳鳴、腰痛、体重減少の症状がある旨の訴えがあり、食事は自分で箸を持ってしていたが、外出時には頸部をコルセットで固定していた。その後、昭和52年7月5日Q病院において頭部外傷後遺症、頸部変形症と診断され、同日から昭和54年1月30日まで同病院に入院し、頭痛、頭重感、めまい、肩部痛、背部痛、嘔気、手足のしびれ感等の症状がある旨訴え、点滴静脈注射、マッサージ等の理学的療法等の治療を受け、同日同病院を退院し、即日R病院に入院し、頸椎症候群、大後頭神経痛の診断を受け、同日以降は頭痛、項部痛、両肩疼痛、眠気、嘔吐、嘔気、両手のしびれ感等の症状がある旨訴え、点滴静脈注射、鎮痛剤投与、マッサージ等の理学的療法等の治療が継続された。同年7月31日同病院を退院し、その後同医院に通院治療を受けた。最近では寝ていることは少なくなり、頭痛、項部痛の頻度が減少し、嘔吐、嘔気は消失し、日常生活は徐々に活発化してきている。」（民集245～246頁）

ちょ,ちょっと待って。何,この漢字,漢字,漢字,の大行列!

 たしかに読みづらいね。まず,年月日と出来事を時系列で整理しよう。難しいコトバには目を奪われないようにして,いつ何が起きたかっていう「大きな筋」を理解しよう。そのために,今度は,年月日ごとにメモを作ってみよう。こんなふうになるね。

昭和44年3月20日 事故発生。

昭和44年3月22日 P病院受診。B医師から「外傷性頭頸部症候群」と診断され,約50日の安静加療を要するとして入院を勧められそのまま入院。

昭和44年5月29日頃 軽いマッサージ治療開始。

昭和44年8月頃 頑固な頭痛,頸部強直,流涙等の症状。

昭和45年頃 頸部強直,左半身のしびれ,頭痛,嘔気,流涙等の症状固定。用便等のほかはほとんど離床しない。

昭和46年12月15日頃まで 注射,湿布,赤外線・超短波・マッサージ等の物理療法による治療を継続。

昭和46年12月15日頃 P病院を退院,自宅療養へ。時々B医師の往診を受ける。

昭和49年10月当時 頭痛,頸部痛,肩部痛,左上下肢がきかない,左上下肢のしびれ感,左足背部感覚障害,吐き気,左耳鳴,腰痛,体重減少の症状を訴える。自分で箸を持って食事。外出時は頸部をコルセットで固定。

昭和52年7月5日 Q病院で頭部外傷後遺症，頸部変形症と診断され，同日から入院。頭痛，頭重感，めまい，肩部痛，背部痛，嘔気，手足のしびれ感等の症状がある旨訴え，点滴静脈注射，マッサージ等の理学的療法等の治療。

昭和54年1月30日 Q病院を退院，同日中にR病院に入院。R病院では頸椎症候群，大後頭神経痛の診断を受け，同日以降は頭痛，項部痛，両肩疼痛，眠気，嘔吐，嘔気，両手のしびれ感等の症状がある旨訴え，点滴静脈注射，鎮痛剤投与，マッサージ等の理学的療法等の治療が継続された。

昭和54年7月31日 R病院を退院，その後は通院治療を受ける。最近では寝ていることは少なくなり，頭痛，項部痛の頻度が減少し，嘔吐，嘔気は消失し，日常生活は徐々に活発化してきている。

まだ，かなり，わかりにくいです。

そうだね。このごちゃごちゃして難しい感じは，見慣れない医学用語がたくさん出てくるからだ。ここはひとつ，思い切った手を使おう。怪我や病気についての専門的診断名は全部「病気」と置き換えよう。そしてXの身体のさまざまな不具合は，もうこの際「体調不良」と一言で済ませてしまおう。また，Xに対して施された医学的措置はすべて「治療」とし，さらに医療器具の名前は「器具」だ。そうしてみると先ほどのメモはこうなるね。

昭和 44 年 3 月 20 日　事故発生。

昭和 44 年 3 月 22 日　P 病院受診。B 医師から病気と診断され，約 50 日の安静加療を要するとして入院を勧められそのまま入院。

昭和 44 年 5 月 29 日頃　治療開始。

昭和 44 年 8 月頃　体調不良。

昭和 45 年頃　体調不良。

昭和 46 年 12 月 15 日頃まで　治療継続。

昭和 46 年 12 月 15 日頃　P 病院を退院，自宅療養へ。時々 B 医師の往診を受ける。

昭和 49 年 10 月当時　体調不良。自分で箸を持って食事。外出時は頸部を器具で固定。

昭和 52 年 7 月 5 日　Q 病院で病気と診断され，同日から入院。体調不良と治療。

昭和 54 年 1 月 30 日　Q 病院を退院，同日中に R 病院に入院。R 病院では病気の診断を受け，同日以降は体調不良で治療が継続された。

昭和 54 年 7 月 31 日　R 病院を退院，その後は通院治療を受ける。最近では寝ていることは少なくなり，体調不良が減少・消失し，日常生活は徐々に活発化してきている。

今度はだいぶすっきりしました。

そうだね。細部に目を奪われてしまうと，木を見て森を見ず，ということになりかねないから，あえてこういう乱暴な手を使ってみました。

くるしゅうない。

　次に，もうひとつ試してみたいことがある。これを「時間の目盛」の上にプロットしてみるとどうなるかな。この事件は，最高裁に上がってくる前の第1審判決が東京地方裁判所で出たのが昭和51年11月15日，第2審判決が東京高等裁判所で出たのが昭和58年9月29日だ。このことは，最高裁判決の本文には書いていないけれども，「民集」には第1審と第2審の判決日が書かれている。せっかくだから最高裁判決が出た日付とともに，同じ時間の目盛の中に，こういった経過を全部書き込んでみようじゃないか。さて，どうなるかな……。

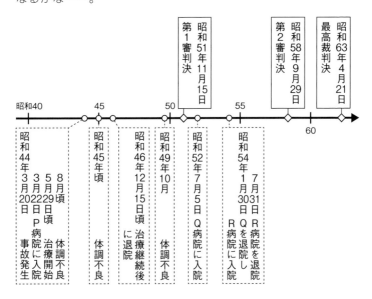

おぉっ，文字で読んだときはあまり意識しませんでしたが，昭和44年に起きた追突事故が原因の裁判が決着したのが昭和63年なんですね。おどろきました。事故から20年近く経っている。

うん。そうだね。

…………。

シッシー，どうしたの？　急に元気がなくなってしまって。

先生，僕たちライオンの寿命って知ってますか？

ごめん，わからない。

野生のライオンは10年から15年ほどです。

えっ，そうなの？　たったそれだけ？

ええ。僕たちは誇り高く，太く短く生きてるんです。ツルやカメのような「おめでたい」連中とはそこが違うんです。で，なんですって。事故が起きてから最高裁の判決が出るまで20年ですって。僕らライオンだったら関係者はもうみんなその間に死んじゃいますよ。そんな裁判ってアリなん

民事判例の読み方

ですか。おかしいじゃないですか。そう思うとなんだか切なくて，涙が出そうです……。

それは僕も同感だなぁ。札幌の円山動物園がオオワシの飼育世界最長記録というのを持っているんだけど，それは 51 年です。

え，おたく，そんな長生きなの？

いや，それはあくまでも動物園のオオワシだから特殊なケースさ。野生の場合，ワシの種類によっても違うけれど，平均寿命はせいぜい 20 年前後というのが多いらしい。だいたい僕は社章の中にいたときにずいぶん痩せこけてしまったから，そんなには長生きできないよ。

あのぉ，人間の立場から言わせてもらうとだね，私たちの感覚からしても，事故から 20 年経って裁判の決着がつくというのは，あまりにも長すぎると思うよ。2 人とも大事な点に気づいたね。ただ，裁判というのは事故直後に起きるとは限らない。この事件の場合，第 1 審の裁判は昭和 47 年に提起されているから，裁判が続いていたのは約 16 年。うーん，やっぱり長いね。この問題は，最後にもう一度議論することにして，とりあえず，先に進むよ。事実関係の第 3 段落はこうなっている。

「3　P病院において当初B医師の行った安静加療約50日を要する旨の診断は，客観的な検査結果及びその後の所見から判断して，医師の常識を超えた診断であり，安静加療2週間ないし3週間と診断するのが相当であったと考えられるが，B医師が右診断をした原因としては，上告人の誇張した愁訴があったことが窺われ，同病院で初診時に撮影したレントゲン写真によると，上告人の第四・第五頸椎間に軽度の角状形成と第四頸椎の約2ミリメートルの前方へのすべり及び第五頸椎体前上縁の幼若な骨棘形成像が認められるが，これは老人性変性現象によるもので，他に他覚的所見として明らかなものは，頸椎運動の制限のみであり，上告人の症状には心理的な要因が多分に影響していること，同病院の治療も上告人の愁訴を鵜のみにして行っていたこと，上告人には回復への自発的意欲を欠いていたことが窺われ，本訴における鑑定のため実施された上告人に対する諸検査の結果によると，上告人は，頸部が全く硬直して動かず，他動的に動かそうとすると強く抵抗を示すが，これはレントゲン写真上，頸部が全く硬直して動かないことはありえないということと矛盾し，上告人の意思が介在しているか，少なくとも上告人の自発性の欠如が原因と考えられる等，上告人の性格は，自己暗示にかかりやすく，自己中心的で，神経症的傾向が極めて強く，昭和55年5月12日当時頸椎は変形著明で骨粗しょう症を呈しているが，これは長期にわたる頸部のコルセットによる固定の後遺症と考えられる。」（民集247頁）

ここではたんなる事実だけでなく，裁判所の判断も含めて認定した事項が書かれているね。分解してまとめ

るとこんな感じかな。上告人は第1審の原告のXだから，たんにXとしよう。

> (1) P病院B医師の（Xが）安静加療50日を要するという診断は，客観的な検査結果およびその後の所見からして「医師の常識を超えた診断」で，安静加療2～3週間と診断するのが妥当であった。
> (2) そのような診断の原因となったのはXの誇張した愁訴。Xの症状には心理的な要因が多分に影響していた。
> (3) 病院の治療もXの愁訴をうのみにして行った。
> (4) Xは回復への自発的意欲を欠いていたことがうかがわれる。
> (5) レントゲン検査結果は，Xの頸部硬直と矛盾し，硬直にはXの意思が介在しているか，Xの自発性の欠如が原因と考えられる。
> (6) Xの性格は自己暗示にかかりやすく，自己中心的で，神経症的傾向が極めて強い。
> (7) 昭和55年当時のXの頸椎の変形や骨粗しょう症は，長期にわたり首をコルセットで固定したことの後遺症と考えられる。

お医者さんの診断やXの性格に対しても，裁判所はずいぶん踏み込んで厳しいことも言うものなのですね。

愁訴？　頸部硬直？　神経症？

愁訴は「ここが痛いとかあそこが苦しいっていう体調不良の訴え」のことだね。頸部硬直は「首が固くなって動かない」ってこと。神経症はおおざっぱに言えば「不安で苦しい症状」のことだ。裁判所は，もともとＸの体調不良の訴えは「おおげさ」なもので，それをそのまま信じた医師の診断は非常識で，治療もそれをそのまま信じて行われたものだと認定している。首が動かないのはＸがみずから動かそうとしないからだと考えられると言っているし，さらにはＸの症状には心理的なものも影響していて，Ｘの性格は自己暗示にかかりやすく，自己中心的で，神経症的だと認定している。

ずいぶん独特な人で，その人自身の意思や意欲や性格といった心理的なものの影響で症状が出ている部分があるっていうことですね。

そう。症状がウソだとは言っていない。ただ，その症状はＸの特異な心理的要因によるものだとしている。さらに先に進もう。

「4　また，上告人は，昭和43年3月23日，国鉄小岩駅で電車に乗る際乗客に押されて左肋骨亀裂骨折の傷害を受け，同年4月5日から同年6月4日までＫ医院に入院し，退院後も昭和44年3月15日まで通院を続け，同年2月11日にも駅の階段から転落して左胸部及び左下腿打撲傷を負ったが，本件事故当時は，右各負傷は一応治癒していた。上告人は，右小岩駅での事故につい

> て国鉄を相手方として損害賠償請求の訴えを提起し，和解により賠償金を受領したことがある。」（民集247～248頁）

ここでは，訴訟で問題となっている事故とは別のエピソードが認定されている。Xはこの訴訟の追突事故の前の年に小岩駅で負傷事故にあったことがあり，そのときに当時の国鉄（現在のJR）を裁判に訴えて，和解により賠償金を受け取ったことがあるとされている。民事訴訟の場合，いったん訴訟が提起されても，すべてのケースで最後まで原告と被告が争って裁判所が判決を出すわけではない。訴訟の途中で双方が譲り合って，何らかの解決（たとえば一定金額の賠償金を支払うなど）で合意して，争いを判決以外の方法で終わりにするということもあるんだ。これを「和解」と言う。Xはこの追突事故の少し前に，そうやって国鉄から賠償金を得ていた，というエピソードがあるんだな。もう少し続けてみよう。

> 「5　被上告人Yは，事故後車体を点検したが目立った損傷も見つからず，また念のため医師の診察を受けるよう申し入れたにもかかわらず，上告人らから何の異常もない旨の回答を得ていたので，上告人の受傷について疑惑を持ち，また本件事故の1か月後になって100万円の損害賠償を要求してきた上告人らの態度に不信感を持ったため，上告人を見舞うこともなく，また自動車損害賠

償責任保険による弁済のほか治療費の支払いもしていない。」（民集 248 頁）

なんだかこじれてますね。

うん，Y は X が自分の怪我についてウソを言っているのではないかと疑ったし，事故から 1 か月後に 100 万円の賠償を求めてきたことに不信感を持った。

100 万円っていうと，大卒初任給の 5 か月分くらいっていうところですかね。

いや，それはちょっと違うかな。いいかい，X が Y に 100 万円を求めてきたのは，事故から 1 か月後，つまり昭和 44 年の出来事だから，当時の金銭価値でその金額の大きさを考えないといけない。古い判例を読むときは，こういうことが結構落とし穴になる。統計データを調べてみると，昭和 44 年の大卒上級国家公務員（現在の国家公務員総合職）の初任給は 2 万 7000 円くらいだ。その時代の 100 万円だからね。現在の大卒国家公務員の初任給はワッシーの言うようにだいたい 20 万円くらいだから，100 万円×（20 万円/2 万 7000 円）を計算してみると，740 万円くらいだ。自動車に見た目はわからないくらいの小さなへこみができた程度の軽い追突事故で，しかも，その場では怪我はないから大丈夫と言ってすぐには医

民事判例の読み方

者にも行かなかった人が，1か月後に現代の感覚にして740万円を賠償しろと要求してきた，という感じかな。

うーん，それはちょっと，なんていうか，ありえないような気がします。

はっきり言おうよ，ワッシー。Xはきっとウソついてるんです。

原々審と原審つまり第1審と第2審の判決文を読むと，シッシーの言うように，YはXがウソをついていると主張していたことがわかる。第2審の裁判では，XはYに対して，かかった治療費などを根拠に，事故の1か月後に要求してきた金額の約10倍の約1000万円の損害賠償を求めていたんだけど，それに対して，Yは，「Xの主張する傷害は詐病である」と主張している。「詐病」とは，仮病と同じで，つまり，本当はそうではないのに病人・怪我人のふりをしているっていうことだね。さらに，Yは，Xが国鉄から賠償金を受け取ったエピソードがあることから，Xは過大な愁訴により高額な賠償金を得られることがあることを知っていたので，初診時に過大な愁訴をした，とも主張しているんだ。

それに間違いないな。

あ，ちょっと待ってシッシー。原審の東京高等裁判所は，詐病だとは認定していないんだ。このことは後で説明する。その前にもう少し進むよ。

「6　外傷性頭頸部症候群とは、追突等によるむち打ち機転によって頭頸部に損傷を受けた患者が示す症状の総称であり、その症状は、身体的原因によって起こるばかりでなく、外傷を受けたという体験によりさまざまな精神症状を示し、患者の性格、家庭的、社会的、経済的条件、医師の言動等によっても影響を受け、ことに交通事故や労働災害事故等に遭遇した場合に、その事故の責任が他人にあり損害賠償の請求をする権利があるときには、加害者に対する不満等が原因となって症状をますます複雑にし、治癒を遷延させる例も多く、衝撃の程度が軽度で損傷が頸部軟部組織（筋肉、靱帯、自律神経など）にとどまっている場合には、入院安静を要するとしても長期間にわたる必要はなく、その後は多少の自覚症状があっても日常生活に復帰させたうえ適切な治療を施せば、ほとんど1か月以内、長くとも2、3か月以内に通常の生活に戻ることができるのが一般である。」（民集248頁）

ここは、「外傷性頭頸部症候群」の一般的な説明だね。これは俗に「むちうち症」って呼ばれているものだ。裁判所は「むちうち症」について、加害者への不満が原因で症状が悪化することもあるが、ただし入院安静を要するのはほとんど1か月以内、長くても、2～3か月で通常の生活に戻れるものだ、と言っている。以上が、最高裁の判決に書かれている「原審が認定した事実関係」の部分だ。お疲れさまでした。

はぁ、やっと終わりましたか。じゃあ、このへんで一休みしようよ。おなかすいたー。

そうだね,ここでひと区切りしよう。

「戦いの舞台」はあくまでも法律

おやつを食べて元気が出たところで,さぁ,再開だ。最高裁判所が前提としている事実関係がどういったものだったか,じっくり判決文から検討したので,次のステップに進もう。くどいようだけれど,もう一度確認すると,判例学習で初心者にとって大事な問題は,次の(1)から(6)だったね。

> (1) 当事者は「誰」か。つまり，誰（原告）が誰（被告）を訴えたのか。
> (2) 原告は被告に「何」を求めたか（原告の請求内容）。
> (3) 原告の請求の「法律上の根拠」は何か。
> (4) 裁判所はその争いについて，どのような「事実」を認定したか。
> (5) 裁判所は原告の請求に対してどのような「判断」を下したか。
> (6) 裁判所がそのような判断を行った「理由づけ」はどのようなものか。

いまようやく，(4)が終わったところだ。でも，それを読むうちに，(1)もわかった。第１審の原告はＸで被告がＹだ。そして，原審（第２審）の判決に不満を持ったＸが上告人（最高裁に不服を申し立てる人）となって最高裁まで争ったということがわかった。(2)もじつは説明の中でもう触れた。ＸがＹに「何」を求めたかは，最高裁判決の判決文だけではよくわからない。でも，第２審の判決文を調べてみると，「ＸがＹに約1000万円の損害賠償を求めた事件」だということがわかる。そうなると，まだ説明をしていないのは，(3)と(5)と(6)の３点だね。

そうなりますね。

民事判例の読み方

では、この順で行くよ。まずは(3)だ。この事件はXがYに約1000万円の損害賠償を請求した事件だ。その根拠となっているのは、民法709条の「不法行為」だ。現在の条文はこうなっている。

【民法709条】
故意又は過失によって他人の権利又は法律上保護される利益を侵害した者は、これによって生じた損害を賠償する責任を負う。

だから、この裁判では、この条文に書かれているルールが適用されて、Yに損害賠償責任があるかどうか、また、その責任があるとしたらどのくらいの範囲で損害を賠償すべきか、ということが争われることになる。この条文が決めていることの意味や、裁判所の出した判決の内容にまで深入りすると、それはもう「民法の講義そのもの」になってしまうから、ここでは立ち入らないよ。将来、民法の「債権各論」や「不法行為」の授業を聴いて、そのときに理解を深めてくれればいい。いまの段階では、2人には、民法709条に「故意や過失で他人の権利や法律上の利益を侵害した人がその損害を賠償する責任を負う」というルールが決められていて、それを根拠に、XがYに約1000万円を請求したんだ、っていうことを押さえておいてほしい。いまはもうそれがわかれば十分だ。

 ねぇワッシー、先生は何を言ってるの?「押さえる」って何?

そういうものだということがわかっていればいい，ってことじゃないかな。

あ，ごめん，わかりにくかったかな。シッシーのために補足すると，私は，裁判はあくまでも，「法律上の根拠に基づいて行うものだ」っていうことを強調したかったんだ。つまり，原告は，義理だの，人情だの，人の道だの，そういった人によって内容が異なるあいまいな基準を根拠にしておカネを払えって言っているのではなくて，法律に「これこれの場合は損害を賠償する責任がある」と書かれていることを根拠にして，それに基づいておカネを払えと要求しているわけだ。そうでないと裁判所は受け付けてくれない。それに対して被告もまた，法律を根拠にして，それを争うというのが，裁判というものの本質だということだね。

あ，それ，先生が，「裁判所が判断する対象は，原告の被告に対する請求が法律のルールに定められた要件に従って認められるかどうか，ということに限定される」って言っていたことですね。

そのとおり。原告の側は，法律が損害賠償を命じる前提としている「これこれの場合」に該当する事実があると主張し，被告の側はそれを妨げる事情（たとえば「これこれの場合」に該当しないこと）を主張し，裁判官がその主張を比べて，法律が適用されるかどうか，適用されるとしたらどんなふうに適用されるかっていうことを，証拠に基づいて判断する

民事判例の読み方

わけだ。この事件ではその「戦いの舞台」が，民法709条だったということがわかってくれれば，この段階では十分さ。「押さえる」というのはそういうこと。

はぁ，まぁ，わかりました。

裁判所の判断

じゃあ，いよいよ(5)だ。裁判所はXの請求に対してどのような「判断」を下したか。ワッシー，わかるかい？

最高裁の判決を見ると，「主文」という結論らしきものが書かれていて，「本件上告を棄却する」って書かれています。

そうだね。「棄却(ききゃく)」というのは解説を要する言葉だね。一般的には「申立てに理由がないとして，それをしりぞけること」を棄却と言う。ここでは「上告を棄却する」だから，Xが申し立てた上告がしりぞけられたっていうことになる。

で，結局，損害賠償はどうなったの？　肝心のところがわからないぞ。

そのとおりだね。上告棄却の場合は，原審の裁判が正しかったと認められるということになるから，その結論はこの事件の場合，原審の判決まで見ないとわからない。で，

原審の東京高等裁判所の判決をあらためて調べてみると、Xの請求はことごとく棄却されていて、XはYから1円も損害賠償を受け取れないという結論になっている。

ほらね、やっぱり、Xは、ウソついてたんだ。正義の味方の裁判所がそれを見抜いたってわけですよね、先生。

いや、そうじゃないんだよシッシー。東京高等裁判所の判断は、もっとずっと複雑なものだ。しかも、Xのむちうち症は追突事故によるものだと判断しているし、Xの症状がすべてウソだとは裁判所は考えていないんだ。つまり事故が原因でむちうち症になったというXの主張を少なくとも一部は認めている。

それなのに、賠償金がゼロって、どういうことなんですか？

それはこれから説明する。かなり込み入った話なんだな。まず、第2審の判決は、Xのむちうち症は、追突事故で生じたものであること、Xの症状は軽いものであったはずだけど、Xの特異な性格その他の要因による外傷性神経症に基づくもので、長期の療養生活でその症状が固定化したものであること、さらには、Xが長期の入院生活に耐えている点から考えて、Xの症状をすべて詐病であるということはできないということを述べている。そのうえでこう判断しているんだ。ちなみに「民集」には最高裁の判決文だけでなく、第1審と

民事判例の読み方

第 2 審の判決文も載っているよ。

(第 2 審・東京高等裁判所の判断)
「第 1 審原告の症状のうち、頭頸部軟部組織の受傷が本件事故と因果関係があることは当然であるが、その後の神経症に基づく症状についても、右受傷を契機として発現したものであり、頭頸部損傷の結果神経症となる事例は必ずしも稀ではないことは当裁判所に顕著な事実であるから、心因的な要因による神経症に基づく症状であるからといって直ちに本件事故との因果関係を否定することは相当でないというべきである。しかしながら、前記認定のとおり、原告の訴えている症状のうちには同人が意識的に虚偽あるいは誇張してこれを訴えているとみられるものもあるばかりでなく、その症状の発現は第 1 審原告の特異な性格に基因するところが多く、その他その発現に影響があったとみられる初診医の診断、加害者の態度等の事情についても第 1 審原告の言動に触発された一面のあることも否定することのできないところであって、更に、第 1 審原告の回復への自発的意欲の欠如と誇大な愁訴により適切を欠く治療を継続させた結果、症状の悪化とその固定化を招いたと考えられることに照らすと、本件事故による受傷及びそれを契機として第 1 審原告に生じた損害を全部第 1 審被告らに負担させることは公平の理念に照らし相当ではなく、過失相殺の規定の類推により事故後 3 年間である昭和 47 年 3 月 20 日までに発生した損害のうちその 4 割の限度に減額し第 1 審被告らに賠償責任を負担させるのが相当である。」(民集 273〜274 頁)

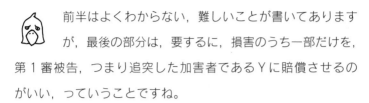前半はよくわからない，難しいことが書いてありますが，最後の部分は，要するに，損害のうち一部だけを，第1審被告，つまり追突した加害者であるYに賠償させるのがいい，っていうことですね。

そのとおり。

で，それはいったいいくらなの？

第2審判決の計算だと282万円ちょっとだね。

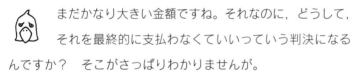まだかなり大きい金額ですね。それなのに，どうして，それを最終的に支払わなくていいっていう判決になるんですか？ そこがさっぱりわかりませんが。

もうそれが支払われていたからさ。

え？

どういうことですか？

第2審の判決は，自動車損害賠償責任保険（自賠責保険）ですでに285万円がXに支払われていると認定している。自賠責保険というのは，すべての自動車が必ず入らなければならない保険で，いわゆる「強制保険」と言われるも

のだ。Yの運転していた車も当然この保険に入っていたから，その保険で，交通事故の被害者であるXには，285万円が支払われていた。つまり，Xは，すでに保険金で「被告から受け取れるはずの賠償金」（282万円あまり）を超える金額を受け取っているから，もうそれ以上Yに賠償を求めることができない。よって，XがYに約1000万円を請求したその請求は一切認められなかった，という結論になった。

それに対して，Xが不満で最高裁まで不服申立てをして争ったけれど，最高裁はその申立てをしりぞけて，第2審の判決が確定したっていうことか。

そのとおり。さすがワッシー，理解が早いね。

ごめんなさいね，あたしゃ理解が遅くってね。

いや，シッシーをけなすつもりはなかったんだ。

裁判所の判断の理由

それよりシッシー，最高裁の判決にもう一度戻るんだけど，そこに「上告理由」ってあるよね。

あぁ，それならすぐ見つかるよ。だって，判決文の「理由」っていうところの最初に「上告代理人の上告

理由について」って書いてあるもの。

 そうそう，それだ。悪いけどワッシー読んでくれる？

 え，ワッシー？ そこ，どう考えても僕でしょ，僕に読んでくれって言うところでしょ，先生。

 じゃ，やってみるかい。

 もちろんですとも，えーっと。「ろんしは，げんはんけつが，じことそんがいとのいんがかんけいについていわゆるわりあいてきにんていのりろんをさいようし，かしつあいさつの……」

 「かしつそうさい」（過失相殺）ね。「かしつあいさつ」じゃないよ。

 えへん，さて，ワッシー君，僕はもうあきちゃったから，やっぱり君が読んでくれたまえ。

 ワッシー，頼む。

 はい，わかりました。こう書いてあります。

「上告代理人の上告理由について
　論旨は，原判決が，事故と損害との因果関係についていわゆる割合的認定の理論を採用し，過失相殺の規定の類推適用をして，

被上告人らに賠償責任を負担させるのが相当であるのは事故後3年を経過した昭和47年3月20日までに発生した損害のうちその4割の限度であるとし，その余は負担させるべきでないと判断したのは，法令の解釈適用を誤ったもので，原判決には判決に影響のある法令違反，理由不備の違法があるというのである。」（民集244頁）

最高裁の判決というのは，原判決が間違っているという上告人（この事件ではX）の申立てを審理するものだ。だから，最初に上告人がどこが間違っている（違法だ）と主張しているかを述べて，それに対して最高裁が答える，という形式をとる。この判決でも，その部分のすぐ後に，それに対して答えているね。わかるかな，ワッシー。

こう書いてあります。

「思うに，身体に対する加害行為と発生した損害との間に相当因果関係がある場合において，その損害がその加害行為のみによって通常発生する程度，範囲を超えるものであって，かつ，その損害の拡大について被害者の心因的要因が寄与しているときは，損害を公平に分担させるという損害賠償法の理念に照らし，裁判所は，損害賠償の額を定めるに当たり，民法722条2項の過失相殺の規定を類推適用して，その損害の拡大に寄与した被害者の右事情

> を斟酌することができるものと解するのが相当である。」(民集244〜245頁)

そうだ，そこだ。ここの部分こそが，最高裁がXの主張に直接答えているところで，Xの主張をしりぞけている根拠の部分さ。この部分が，裁判所がそのような判断を行った「理由づけ」は何か，という6番目のチェックポイントにほかならない。

先生，この部分に，なんだか見覚えがあります。あっ，そうだ，ワッシーが最初に読んだ，『判例六法』に引用されている部分がここだ。

シッシー，すごいじゃないか。そのとおりなんだ。君，ほんと，すごいよ。

いやぁ，まぁ，それほどでもないですが，いちおう百獣の王ってことで，そのくらいのすごさはないとマズいかなって思う今日この頃，先生におかれましては，本日はお日柄もよろしく，タイやヒラメが舞い踊り，大判小判がざっくざくっ，てなもんで，**きゃっほー，がおぉぉおっ！**

先生，シッシーは嬉しそうですね。ほめられ慣れてないから，完全に舞い上がって支離滅裂になってますけど。

民事判例の読み方

そのようだね。でも、シッシーがそれに気づいてくれて、私も嬉しいよ。最高裁判例でいちばん大事なのは、「上告人が提起した問題に答えている部分」なんだ。だから、その部分が「判旨」として『判例六法』にも載る。シッシーはちゃんとそれに気づいてくれたわけだ。

判例の奥深さ

先生は最初に判旨の内容はまだよくわからなくてもいい、っておっしゃいましたよね。

はい、言いました。

でも、せっかくだから、ちょっとだけ解説してくれませんか。

ではあと少しだけ、大事なことを。この判旨の部分だけれど、こういう議論をすることによって、具体的にはどんな効果があったと思う?

そうですね。Yが損害賠償責任を負う範囲を限定しているわけだから、要するに、賠償金額を減らすっていう効果でしょうか。

ご名答。で、結局、Yが賠償責任を負うとされた金額はいくらだった?

282万円あまり。

そうだね。そしてYの車が加入していた自賠責保険によってすでに285万円が支払われていたんだったね。だからもうこれ以上，賠償金を支払う必要がない，とされた。

あ，先生！

なんだい，ワッシー。

すごく面白いことに気づきました。

何それ？

保険で支払われた金額と裁判所が命じた賠償金額がすごく近いですね。

そうだね。

保険ですでに支払われた285万円は裁判官が決めたのではないけど，Yに賠償責任があるとされた282万円あまりのほうは第2審の裁判官が決めたんですよね。

そのとおりだね。

じゃあ第2審の裁判官はこの事件について，もしかしたら，こう考えたのではないでしょうか。軽微な事故だし，Xが自分の症状をおおげさに言ったり，ウソをついたりしている部分もあるようだけれど，全部が詐病と言うことはできず，事故によってXがむちうち症になりそれが悪化したということは証拠からして間違いなさそうだ。けれども，その症状の発現や悪化の原因になったのは，Xの特異な性格などの要因だから，自賠責保険ですでに支払われた金額を超えてこれ以上Yに賠償責任を負わせるのは，かわいそうだ。だから，損害賠償責任の範囲を保険金が支払われた金額に見合うように決めるべきではないかって。

なるほど。面白い推測だね。でも判決文にはそのようなことは書かれていないから，本当のところはわからない。裁判官の考え方の筋道としては，事故から生じた損害の範囲がどこまでかをまず決めて，そのうえで，その損害をXとYの間でどのような比率で負担させたらいいか，つまりどれだけYに命じる賠償額を減額したらいいか，と考えるはずで，すでに支払われた金額がいくらかは直接には考慮されないはずだ。だから，この事件の場合，偶然2つがすごく近接した金額になったと言うべきかもしれない。でもね，ワッシーの推測が外れていて，保険で支払われた金額を裁判官が重視していなかったとしても，結果的に，保険からすでに支払われた金額が，賠償すべき金額をほぼぴったりカバーしていることは間違いない。

判例って,じっくり読んで,裁判官の思考過程を推測したりすると,とっても奥が深いものなんですね。

わかってくれたようだね。最高裁の判決文は,最後にこう述べているね。さぁ,これが最後だ。あと一息。一気に読んでしまおう。

「以上,原審の確定した事実関係のもとにおいては,上告人は本件事故により頭頸部軟部組織に損傷を生じ外傷性頭頸部症候群の症状を発するに至ったが,これにとどまらず,上告人の特異な性格,初診医の安静加療約50日という常識はずれの診断に対する過剰な反応,本件事故前の受傷及び損害賠償請求の経験,加害者の態度に対する不満等の心理的な要因によって外傷性神経症を引き起こし,更に長期の療養生活によりその症状が固定化したものと認めるのが相当であり,この上告人の症状のうち頭頸部軟部組織の受傷による外傷性頭頸部症候群の症状が被上告人Yの惹起した本件事故と因果関係があることは当然であるが,その後の神経症に基づく症状についても右受傷を契機として発現したもので,その症状の態様からみて,P病院退院後自宅療養を開始したのち約3か月を経過した日,すなわち事故後3年を経過した昭和47年3月20日までに,右各症状に起因して生じた損害については,本件事故との間に相当因果関係があるものというべきであるが,その後生じた分については,本件事故との間に相当因果関係があるものとはいえない。また,右事実関係のもとにおいては,上告人の訴えている右症状のうちには上告人の特異な性格に起因する症状も多く,初診医の診断についても上告人の言動に誘発された

一面があり，更に上告人の回復への自発的意欲の欠如等があいまって，適切さを欠く治療を継続させた結果，症状の悪化とその固定化を招いたと考えられ，このような事情のもとでは，本件事故による受傷及びそれに起因して3年間にわたって上告人に生じた損害を全部被上告人らに負担させることは公平の理念に照らし相当ではない。すなわち，右損害は本件事故のみによって通常発生する程度，範囲を超えているものということができ，かつ，その損害の拡大について上告人の心因的要因が寄与していることが明らかであるから，本件の損害賠償の額を定めるに当たっては，民法722条2項の過失相殺の規定を類推適用して，その損害の拡大に寄与した上告人の右事情を斟酌することができるものというべきである。そして，前記事実関係のもとでは，事故後昭和47年3月20日までに発生した損害のうちその4割の限度に減額して被上告人らに負担させるのが相当であるとした原審の判断は，結局正当として是認することができる。原判決に所論の違法はなく，論旨は採用することができない。

よって，民訴法401条，95条，89条に従い，裁判官全員一致の意見で，主文のとおり判決する。

（裁判長裁判官　髙島益郎　裁判官　大内恒夫　裁判官　佐藤哲郎　裁判官　四ッ谷　巖）」（民集248〜250頁）

最高裁は最後のところで，「事故の3年後（昭和47年3月20日）までに生じた損害の4割の限度に減額する」という第2審の判断が正当だと述べているね。ワッシーは，「事故の3年後までに生じた損害を4割の限度に減額する」とい

う判断が，すでに支払われていた保険金総額の285万円を意識して，それに結果的に近づけるように第2審の裁判官が決めているかもしれないって推測したんだけれど，そう言える証拠はない。でも，そんなことまで推測しながら読むと，この判決はとっても人間味のあるものに思えてくる。Xの症状が詐病だなどと一刀両断にすることなく，それが事故から生じた本物の症状だということはちゃんと認めつつ，ただ，Xのあまりにも特異な性格からその症状が発現したり損害が拡大していることも考慮して，損害賠償の範囲を限定し，損害額を減額しているから，Yにもまた十分に配慮した判決になっている。

事故の3年後までに生じた損害に限定する意味はどこにあるんでしょう。

こういう場合3年後までって法律で決まっているの？

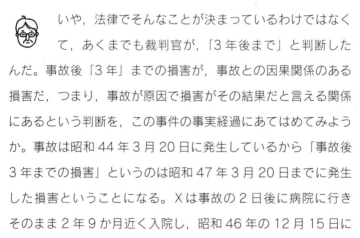
いや，法律でそんなことが決まっているわけではなくて，あくまでも裁判官が，「3年後まで」と判断したんだ。事故後「3年」までの損害が，事故との因果関係のある損害だ，つまり，事故が原因で損害がその結果だと言える関係にあるという判断を，この事件の事実経過にあてはめてみようか。事故は昭和44年3月20日に発生しているから「事故後3年までの損害」というのは昭和47年3月20日までに発生した損害ということになる。Xは事故の2日後に病院に行きそのまま2年9か月近く入院し，昭和46年の12月15日に

退院している。だから「事故後3年」というのは、この事件に即して言いかえると、「Xが事故直後から始まった最初の長期入院から退院して自宅療養を開始してのち約3か月経過するまで」、ということになる。

「最初の2年9か月近くの入院と退院後の3か月あまりの自宅療養」による損害は事故から生じた損害だと認めるっていうことですね。

そのとおり。第2審判決はその3年間の損害額を細かく計算しているが、そこには病院に支払った「治療費」だけでなくて、仕事を休んだことによる「休業損害」、精神的な損害を埋め合わせる「慰藉料(いしゃりょう)」も含めている。そのうえで、第2審はYにその損害額の「4割」の賠償を命じるということとし、0.4を掛けて計算したところ、その金額が282万円あまりという結果になった、というわけだ。

類推適用とは

もうひとつだけ聞いていいですか？

なんだい？

最高裁は「損害賠償の額を定めるに当たり、民法722条2項の過失相殺の規定を類推適用して、その

損害の拡大に寄与した被害者の右事情を斟酌することができる」って言っていますが、これはどういうことですか。

詳しい説明は民法の講義で聴けばいいことだから、要点だけ言うよ。民法722条2項には「過失相殺」というものが規定されていて、被害者にも過失があるときは損害賠償額を決めるときにそれを考慮していいと定められている。被害者にも過失があるような、どっちもどっちの場合は損害額の一部だけ、その何割かを払うよう被告に命じるっていうことだね。この事件も、Yに損害を全部負担させるのは公平でないと思われるけど、この規定を直接使うことができない。なぜかと言うと、事故についてXに「過失」があったわけではなく、Xの特異な性格などの「心因的要因」が損害を拡大させた場合だから、民法722条2項が定めている場合には直接は当てはまらない。

でもその規定を使っているんですよね？

判例の言葉づかいに注目してほしい。過失相殺の規定を「"類推"適用して」って言っているでしょ？

うん、そう書いてあるね。

さぁ、ここでまた『法律学小辞典』の出番だ。「類推」適用っていうのはどういう意味か調べてみると、「法の解釈」のところに「類推解釈」という言葉の説明がある。そ

こを見ると「言葉の本来の意味に含まれないものにも，類似性を理由として適用を及ぼすこと」って説明されている。つまり，この事件は被害者に過失がある過失相殺のケースではないけれど，「よく似たもの」だから，過失相殺の規定の適用を及ぼして損害賠償額を減額したということなんだ。

おどろいたなぁ。裁判ってそんなに自由なものだったのか。法律の条文に書いていないことにも，似ている場合だからという理由でその条文を適用しちゃっていいんだ。

うん。でも，こういうことができるのは，民事裁判の場合だけさ。じつは刑事裁判では類推解釈は一切してはいけないっていうことになっているんだ。でも，民事裁判はもっと自由で，そうすることが適切な場面では，類推も許される。そして，この事件は，「加害行為と発生した損害との間に因果関係がある場合に，その損害の拡大について被害者の心因的要因が寄与している場合には，過失相殺の規定を類推適用してもいい」という判断を最高裁がした。その判断が，民法722条2項の類推適用が許される場面についての重要な先例，つまり判例となるということだね。

判例を読む本当の意味

そうなんですか。なんだか判例って，面白いものなんですね。

まぁ，たしかに，面白かったところもなくはないね。

ありがとう。これでシッシーの罰ゲームはまぬかれたかな？

うん。先生，今回は許してあげるよ。でもね，なんだかね，僕，疲れちゃったよ。もちろん，難しい文章をたくさん読まされたっていうこともあるんだけれど，なんていうかなぁ，裁判に持ち込まれる人間の争いの難しさっていうか，時間とおカネとエネルギーを注いで何もそこまでしなくてよかったんじゃないか，っていう思いがして，ため息が出ちゃうんです。さっきライオンの寿命の話をしましたよね。事故から20年も経ってやっと最後の結論が出るなんて……。その間，XもYもずっとこの問題を気にしていたんでしょ？　つらかっただろうなぁ。

そうだね。お互いにもう一歩も譲れないっていう関係になってしまったんだろうね。Yにしてみると，20年もかかって，ようやく自分にはすでに保険で支払った金額以上の賠償責任がないっていうことが裁判で確定したから，やっと安堵できたっていうことになるだろうね。発端がほんの小さな追突事故だっていうところが，また不運だ。Yにとっては，裁判所があって本当によかった，っていうことになるんじゃないかな。

でも20年だよ。ひどいよ。Yはもちろんだけれども，Xの立場になっても，そうだよ。賠償してもらえる金額がもっと早く確定していたら，時間もエネルギーもおカネも，ほかにもっといい使いみちがあったかもしれない。1回しかない人生なのに……。

　そうだね。そのとおりだね。この判決が出た後，15年以上経ってからだけれど，平成15年に「裁判の迅速化に関する法律」（平成15年7月16日法律第107号）というのができている。その目的は，「司法を通じて権利利益が適切に実現されることその他の求められる役割を司法が十全に果たすために公正かつ適正で充実した手続の下で裁判が迅速に行われることが不可欠であること，内外の社会経済情勢等の変化に伴い，裁判がより迅速に行われることについての国民の要請にこたえることが緊要となっていること等にかんがみ，裁判の迅速化に関し，その趣旨，国の責務その他の基本となる事項を定めることにより，第1審の訴訟手続をはじめとする裁判所における手続全体の一層の迅速化を図り，もって国民の期待にこたえる司法制度の実現に資することを目的とする」（1条）と定められている。そして，その法律では，「裁判の迅速化は，第1審の訴訟手続については2年以内のできるだけ短い期間内にこれを終局させ，その他の裁判所における手続についてもそれぞれの手続に応じてできるだけ短い期間内にこれを終局させることを目標として，充実した手続を実施すること並びにこ

れを支える制度及び体制の整備を図ることにより行われるものとする」(2条1項) ともされている。

　　その法律ができてから、裁判は短くなったんですか？

　　うん。日本の裁判所は裁判の迅速化に本気で取り組んでいる。「裁判の迅速化に係る検証に関する報告書」というのが定期的に発表されて、インターネット上で公開されているから調べてみてごらん。民事第1審の平均審理期間は平成18年以降明らかに短くなって、平成20年には6.5月となったけれど、平成22年からはまた少し長くなり、平成26年は8.5月となったことがわかっている。でも、この事件も、現在だったら、もっと早く決着したことは間違いないと思うよ。

　　なんだか、判例をひとつ読むって、法律や裁判のことだけでなくて、人間のことやら、社会のことやら、いろいろなことを考えさせられるね。

　　そう、そこにこそ、判例を読む本当の意味があるんだと私は思う。

　　判例の要旨をやみくもに暗記しても、それだけではあんまり意味がないっていうこともよくわかりました。

　　あぁ、なんだか、すごくおなかがすいちゃった。頭も使ったし、感情もいろいろ高ぶったし。

民事判例の読み方

じゃあ、今日の授業はここまで。せっかくだからみんなで何か食べに行こうか。歩いて行こうよ。自動車に乗るのがなんだか怖くなってしまったよ。

Ⅲ 刑事判例の読み方

 おはよう。今日は勉強の2日目だね。昨日は民事判例をじっくり勉強したけれど、2人とも昨夜はよく眠れたかな？

 先生、おはようございます。昨日は新しいことや難しいことをたくさん聞いてすごく疲れたから、夜はベッドにバタンキューだった。今日はもう元気だよ。

 おはようございます。僕も昨夜はおいしいものをみんなで食べて、その後ぐっすり眠りました。頭はスッキリしています。

 それは頼もしいね。さてと、今日は刑事判例を読む約束だったね、さっそく読んでみようじゃないか。

 刑事、かっこいいですね。デカたちが活躍して犯人を追い詰めて逮捕するやつですよね。「踊る大捜査線」の青島刑事とか、「相棒」の杉下右京さんとか。先生はどっち派ですか？　青島派、右京派？

そうだなぁ，印象深いのは「太陽にほえろ！」の「ジーパン」かな。

 は？

 え？

 あの，先生，それはいくらなんでも古すぎます。

 うそ，ピンとこないの？　松田優作。龍平と翔太のお父さん。

 いまスマホでウィキペディアを調べてます。「太陽にほえろ！」のところを見てるんですが，松田優作演じる「ジーパン刑事」がドラマの中で殉職したのは，どうやら1974年のことらしいですね。遠い遠い過去じゃないですか。先生，もしかして，昔，鹿鳴館で踊ったりしてませんでしたか？

 ……気を取り直していこう。

 どうぞ。

刑事裁判とは

さてと。シッシーの言うその「刑事」は、犯罪を捜査する警察官のことだね。たしかに、そういった人たちが刑事裁判の始まる前に活躍をすることもあるだろうけれど、ここでいう刑事判例は、「刑罰法規の適用についての判例」という意味だ。捜査の結果、罪を犯した疑いのある人が誰かはすでにわかっていて、その人が罪を犯したかどうか、つまり有罪か無罪かを裁判所が決める。そして、有罪だとしたら、どのくらいの刑罰を科すかも、裁判所が決める。そういう段階の話だから、残念ながら、青島さんも、右京さんも出てこない。

なんだ、つまらないの。

先生、今度もまた、昨日教えてもらった次の(1)〜(6)を意識しながら読んでいけばいいんですよね。

---

(1) 当事者は「誰」か。つまり、誰（原告）が誰（被告）を訴えたのか。
(2) 原告は被告に「何」を求めたか（原告の請求内容）。
(3) 原告の請求の「法律上の根拠」は何か。
(4) 裁判所はその争いについて、どのような「事実」を認定したか。
(5) 裁判所は原告の請求に対してどのような「判断」を下したか。

(6) 裁判所がそのような判断を行った「理由づけ」はどのようなものか。

民事裁判と刑事裁判，イメージとのズレ

ワッシーには，さすが，と言いたいところだが，そう簡単ではないんだ。

どうしてですか？

今回読むのは「刑事」判例だ。いまワッシーが言ってくれた (1)～(6) は，正確に言うと，「民事」判例を読むときに，押さえておいてほしいことなんだ。裁判は，民事事件と刑事事件で，やり方が違うし，用語も違う。だから，それをふまえて，押さえなければいけないポイントも変わってくる。

めんどうだなぁ。

たとえば「当事者は誰か」っていう問題からして違いがある。民事裁判では訴えられた人を「被告」と言うのだったね。じつは刑事裁判では，そうではないんだ。

でも，先生，殺人事件の裁判のテレビニュースや新聞なんかでは，犯人のことを「被告」って言っていませんか？

うん。たしかにそのとおり。刑事裁判でも民事裁判でも、マスコミの報道では裁判所に訴えられている人のことをどちらの場合も「被告」という同じ言葉を使って呼んでいる。でもね、刑事裁判については、厳密に言うと裁判にかけられている人は「被告人(ひこくにん)」と言うのが正しい。法律の条文も、法律学の教科書も、間違いなくそうなっている。せっかく法律学を学ぶんだから、早い段階で、そのことを知っておこう。

なんだかわかりにくい話ですね。いっそ「被告人」なんていう堅苦しくて紛らわしい言葉を使わないで、たとえばそうだなぁ、みんな知っている「犯人」っていう言葉があるから、民事事件は「被告」で、刑事事件は「犯人」、そう呼んでしまったらどうなんでしょう。

いやそれはダメだな。

え、どうしてですか?

だって、裁判が終わるまで「犯人」かどうかわからないもの。

冗談でしょ。だって、そいつは警察に捕まってるんでしょ? 犯人に決まってますよ。悪いヤツは早く牢屋に入れちゃいましょうよ。

えーと、シッシー、ちょっと待って。君の言っていることは、乱暴すぎるよ。

そうですか？

まず、被告人は全員身柄を拘束されているわけではない。まだ有罪か無罪か決まっていない被告人の身柄を拘束することを、刑事訴訟法の用語では「未決勾留」と言うんだけれど、逃亡したり証拠をもみ消したりするおそれがない人までわざわざ拘束したりはしないんだ。だからそういう人はふだんどおり自宅で暮らしたまま起訴される、つまり、裁判にかけられるっていうこともあるんだ。「在宅起訴」って言うんだけどね。

そんなのがあるのは僕も初めて知りました。犯罪者はみんな警察に逮捕されてどこかに閉じ込められているものだとばっかり思っていました。

実世界では、テレビの刑事ドラマのようなことばかりが起きているわけではないってことだね。それにね、シッシー、刑事裁判にかけられる人が最初から犯人だと決まっていたら、そもそも裁判は何のためにやるんだい？　裁判で証拠を調べてみて、初めて有罪か無罪かが決まるんだよ。だから、それが決まるまでは、「被告人を無罪だと推定して扱わなければならない」というのが、刑事裁判の基本原則なんだ。「無罪の推定」という原則だ。

先生、ちょっといいですか。いま先生のおっしゃったことはあまり実感がわきません。マスコミの報道だと、

ふつうは犯人が誰かわかって逮捕された段階で，事件が解決したっていう感じですよね。テレビの刑事ドラマも同じです。犯人が逮捕されて，主人公の刑事がなんだか素敵なセリフを言って犯人が泣きながらパトカーに乗せられたところでエンドロールが流れます。だいたい，そのあと裁判をやってみた結果，被告人が無罪になる事件なんてほとんど存在しないんじゃないですか？

うん，たしかに。たとえば2015年に刑事裁判が確定した人のうち，無罪が確定した人は0.03％にすぎない。でも，たとえ無罪になる事件が1％に満たなくても，「無罪の推定」という基本原則を捨てるわけにはいかない。もし自分が「ぬれぎぬ」を着せられて刑事裁判にかけられたとしたら，どうだろう。そういう可能性がゼロでないかぎり，「無罪の推定」は必要だし，それがゼロなら裁判そのものが不要になる，裁判所なんてなくてもいい，っていうことになってしまうわけだ。それはどう考えてもおかしいよね。ついでに付け加えると，「犯人逮捕」という日常的な表現を，厳密な法律用語で表現すると，「被疑者逮捕」と言うのが正確だ。「被疑者」というのは「犯罪の嫌疑をかけられている人」っていう意味だね。ちなみにマスコミ報道では「被疑者」のことを「容疑者」と呼ぶことがあるけれど，正確な法律用語は「容疑者」ではなく「被疑者」なんだ。

えー，今度はヒギシャですか？　また紛らわしい言葉が増えちゃった。ヒコクとヒコクニンとヒギシャ。全

部似てるんだもの。区別できないよ。

被疑者と被告人

そこを我慢して、あと1つだけ、いますぐ覚えてほしいことがある。それは「被疑者」と「被告人」の違い。被告人は「罪を犯したとして裁判所に起訴されている人」のことだ。だから逮捕されて警察の取り調べを受けている人であっても起訴されていなければ「被告人」とは呼ばない。その段階ではあくまでも「被疑者」だ。しかし、いったん起訴されると、「被疑者」と呼ばず「被告人」と呼ばれることになる。

念のために言うと、「被」というのは「○○された」とか「××をこうむった」という受け身、受動を表す表現だ。被疑者は「疑われている者」、被告人は「裁判所に罪を犯したと告げられている者、つまり裁判所に犯罪のかどで訴えられている者」、被害者は「害をこうむった者」という意味だね。そのほかにも被選挙権（選挙において選ばれる資格）、被保険者（生命保険の場合は保険をかけられている人）、被控訴人（控訴された人）、被上告人（上告された人）などなど、法律用語にはたくさん使われる表現だよ。

ひひひひぃ〜。なんだか笑わされちゃうな。僕、いま「被笑者」だよ。

弁護士の役割——訴訟代理人（民事）と弁護人（刑事）

ところで先生，弁護士さんは裁判にどう関わるんですか。

いい質問だね。たしかにいままで，弁護士の役割について話をしていなかったから，ここで話しておこう。
まず，民事裁判の場合は，弁護士に頼まなくても，自分で訴訟をすることができる。これを「本人訴訟」と言うんだ。だから，裁判所が扱う民事事件の中には，原告・被告の両方に弁護士がついている場合と，原告か被告の一方だけに弁護士がついている場合と，どちらにも弁護士がついていない場合が，混じっているんだ。

へぇ。初めて知ったよ。裁判には絶対に弁護士がついているんだと思ってた。

民事事件では弁護士を裁判所がつけてくれないの？

つけてくれない。民事裁判で弁護士に頼みたければ，あくまでも原告や被告が自分で頼むんだ。

「弁護人」を自分で頼むんですね？

惜しいなぁ！　いまのその言葉づかいも間違いなんだ。民事事件の場合は，「弁護人」という言い方はしないんだよ。「弁護人」という用語は，刑事事件で被疑者や被告人

を弁護してくれる人についてしか使わない。

そうだったんですか。いままで知りませんでした。では民事裁判で原告や被告を助けてくれる弁護士さんはどう呼ぶんですか。

民事裁判の場合は「訴訟代理人」。たんに「代理人」とも言うよ。

刑事裁判でも弁護士を被疑者や被告人が自分で頼むの？

そういう場合とそうでない場合がある。刑事事件の被疑者や被告人も，自分で弁護士を頼んで弁護してもらうことができる。裁判所のような公の機関ではなくて個人（私人）が自分で選ぶから，そうやって選ばれた弁護人を「私選弁護人」と言う。でも，たとえばおカネがなくて自分では弁護士を頼めないような人は，裁判所に求めて弁護人を選任してもらえることになっている。その場合は国の機関である裁判所が選んでくれる弁護人だから「国選弁護人」と言うんだ。

私選弁護人と国選弁護人は刑事裁判への関わり方も違うんですか。

それはまったく同じだ。私選弁護人か国選弁護人かは，誰が選んだかという選ばれ方の違いだけの区別で，弁護人として刑事裁判の中で果たす仕事はどちらも同じさ。

どうして刑事事件だけ国が弁護人をつけてくれるの？

詳しいことは刑事訴訟法の勉強をするときに学べばいいことだから,ここでは細かい説明は省略するけれど,国家権力が個人の刑事責任を追及する刑事裁判の場合には,責任を追及する側とされる側とでは圧倒的な力の差があるから,被告人の権利を守るために弁護人がつく必要性が大きい。実際,弁護人がいないと訴訟手続を進めてはいけないと刑事訴訟法で決められている場面がたくさんあるんだよ。

 へぇ,そうなんだ。

 それはそうと,民事裁判で訴訟代理人になったり,刑事裁判で弁護人になったりしている弁護士さんは,僕たちがいま学んでいる判例とどんな関係があるんですか。

 それもいい質問だね。裁判所,とくに最高裁判所の判断が判例になるんだけど,最高裁に上告を申し立てるその「理由づけ」は代理人や弁護人となっている弁護士が考えていることが多い。最高裁を納得させるような,すぐれた理由づけを考えれば,それが認められて判例になる。判決を出すのは裁判所だから,判例は直接的には裁判所,つまり裁判官が作っているように見えるけれど,画期的な判例の陰には,じつは素晴らしい上告理由を考えたすぐれた弁護士がいるというわけだ。

 弁護士って,なんだかカッコイイなぁ!

原告としての検察官と公益代表

 ちょっと脇道にそれたので，元の議論に戻ろうか。裁判所に訴えられている人をなんて呼ぶか，という話をしていたのだったね。

 そうです。先生は，先ほど，民事裁判と違って刑事裁判では訴えられている人を「被告」とは言わず「被告人」と呼ぶ，という話をしていました。質問なんですが，刑事事件の場合，訴えた人はどう呼ぶんですか？ 刑事事件でも「原告」のままでいいんですか？

 それも違う。ねぇ，シッシー，刑事裁判では，誰が被告人を訴えると思う？

 それはまぁ被害者でしょ。被告人にひどい目にあわされた被害者でしょ。

 でも，殺人事件だったら，被害者が死んでしまっているから，被害者がそもそもいないってこともあるよ。

 あ，その場合は残された家族かなぁ。

 揚げ足をとるようだけれど，被害者が天涯孤独の境遇の人だったということもありうるよ。亡くなった被害者に親兄弟も配偶者も子もいなかったらどうなる？

 うーん，ああ言えばこう言うんだから，もう。法律家はこれだから嫌いだ。理屈っぽくてね。メンドクサイ

人だって嫌われちゃう,いや,被嫌者になっちゃうよ。

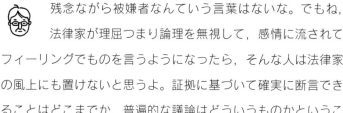
残念ながら被嫌者なんていう言葉はないな。でもね,法律家が理屈つまり論理を無視して,感情に流されてフィーリングでものを言うようになったら,そんな人は法律家の風上にも置けないと思うよ。証拠に基づいて確実に断言できることはどこまでか,普遍的な議論はどういうものかということを常に慎重に考えることが大事な仕事だからね。だからもっと議論を続けるけれど,もし殺人事件の被害者のご遺族がいた場合を考えるとして,そのご遺族たちが,「罪を憎んで人を憎まず,殺人を犯した人を許します」って言ったらどうする? 犯人を裁判にかけて処罰しなくていいのかな?

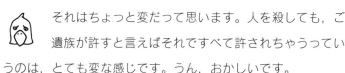
それはちょっと変だって思います。人を殺しても,ご遺族が許すと言えばそれですべて許されちゃうっていうのは,とても変な感じです。うん,おかしいです。

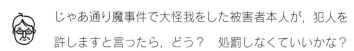
じゃあ通り魔事件で大怪我をした被害者本人が,犯人を許しますと言ったら,どう? 処罰しなくていいかな?

うーん,やっぱり,なんだかそれも変な感じがします。

そうだ,問題はそこなんだ。では別の例を出すよ。たとえば,100万円借りた人が貸主に返さなかったとしよう。そして貸主が大金持ちで,「もうおカネは返さなくていい,借主に貸したんじゃなく,借主にやったものと思ってあきらめることにする」と言ったとしたらどうだろう。それでも

刑事判例の読み方

裁判所はむりやり借主から100万円を取り立てて貸主に返還させるべきだろうか？

そこまではしなくてもいいかなぁ。だって貸した人が返さなくていいって言ってるんだから。

罪を犯した人に刑罰を科す場合は，被害者やその家族がたとえ許しても処罰しないとなんだか収まらないけれど，借金の取り立てならば，貸した人がもういいって言えばむりやり裁判所が返還を強制しなくてもいいってシッシーは思うわけだよね。その違いは何だろうか。

「みんなの問題」か，「個人の問題」かっていうことですか。

そうだ。みんなの問題というのは，硬い言葉で言うと，「公の利益」つまり「公益」に関わる問題だっていうこと。刑罰というのは，被害者が復讐することではなくて，社会的に非難に値する行為を犯した人に対して，社会を代表して国家の組織である裁判所が科すものだ。それに対して借金を取り立てるかどうかのように，当事者である個人が自分でどうするか決めてもいい問題，つまり，個人の判断や処理に任せておけばいい問題もあると言うことができそうだ。民事裁判では裁判所に誰かを訴えた人が「原告」だったね。でも，刑事裁判では「原告」とは言わない。いま説明したようなわけで，被害者やその家族が直接に刑事裁判を起こすわけではなくて，犯罪の処罰はみんなの問題，つまり「公益」に関わる問題だから，刑

事裁判では公益の代表者が民事裁判でいう原告のような役割を果たすことになっている。その公益の代表の役割を果たすのが「検察官」と呼ばれる人たちだ。検察官は，刑事裁判の場で被告人の犯罪を立証し，その処罰を求める。だから訴訟の当事者は誰かというと，その答えは，民事裁判は「原告」と「被告」だったけれども，刑事裁判では「検察官」と「被告人」が当事者だということになる。これはものすごく重要な基本中の基本だよ。だからしつこいけれどもう一度言うよ。

「**民事事件の当事者は原告と被告，刑事事件の当事者は検察官と被告人**」ね。

当事者という言葉

いまさらごめんなさい，「当事者」っていう言葉が，昨日民事判例を読んだときにも出てきて，その意味も教えてもらったと思うんだけど，一晩経って忘れちゃったから，もう一度だけ説明してもらえませんか。すみませんね，ワッシーと違って手がかかる生徒で。

何を卑屈になってるの。君はもともと百獣の王，サバンナの支配者，偉大なるライオンじゃないか。もっと胸を張りなさいよ。

うふふ，そぉ？　やっぱり？　じゃあ，ついでに言わせてもらうけど，有斐閣以外にも僕はシンボルマーク

やエンブレムにじつは引っ張りだこだってこと知ってた？　自分で言うのもなんだけれど，僕の一族はちょっとした世界的人気者で，フランスの自動車メーカーのプジョーや，イギリスのサッカーチームのチェルシーのエンブレムにも起用されてるし，ブロードウェイ・ミュージカルの主人公にもなってるし，シンガポールでは僕の遠い親類が盛大に水を吐いて人気沸騰。あとね，日本橋の老舗デパートのシンボルも僕だってこともこの際言っておきたいね。それに比べてワッシーはどう？

　まさか君，僕の一族のすごさを知らないってわけ？数え上げるとキリがないから，2つだけ言っておくけど，かのハプスブルク家の紋章は「双頭の鷲」だし，アメリカ合衆国の国章にだって僕がいる。えへん。

　おぉ，意外とやるな。

　まぁ，ともにプロ野球チームの名前にもなっているじゃないか。イーグルスとライオンズ。だからまぁ引き分けとしよう。ねぇ，先生，先生はイーグルスとライオンズどっちのファンですか？

　カープなんだ，ごめん。

　広島のご出身なんですか？

いや，私じゃなくて，妻が広島出身でね。カープを応援しないと家庭内がちょっと大変なことに……。おっと，無駄話はともかく，いまは「当事者」の話だったね。シッシーにわからないって言われて気づいたんだけれど，これは盲点でした。当事者という言葉を法律学ではすごくよく使うんだけれど，日常生活の中ではあまり使わないし，法学部の教室でもいちいち説明しないことが多い。でも，説明しないで使うのは問題だね。シッシー，ありがとう。

また，ほめられちゃったぜ。**がおぉぉぉっ！**

やめてよ，鼓膜が破れそうだ。

えーと，いま何の話をしていたんだっけ。そうだ「当事者」をもう一度説明してくれっていうのが，シッシーの頼みだったよね。

そうそう。

いま話題にしている「当事者」は，厳密に言うと「訴訟上の当事者」とか「裁判上の当事者」と呼ばれるもので，民事裁判や刑事裁判において，裁判所に判決などを求める人と，その相手方としてそれを求められる人のことなんだ。いいかな，シッシー。

裁判所に判決などを求める人とその相手方のことね。うん，わかった。

さっき言ったように，民事裁判と刑事裁判で当事者が変わってくる。だから，判例を読むうえで押さえるべきポイントを表現する言い方も，違ってくる。結論から言うと，刑事判例を読むときに押さえるべき基本のポイントは，次のようになる。

刑事判例を読むときに押さえるべき基本ポイント

(1) 被告人は誰か。
(2) 検察官は被告人がどのような行為を行い，それがどのような犯罪になり，どのような刑罰を科すべきだと主張しているか（検察官の主張の内容）。
(3) 検察官の主張はどのような根拠に基づくか（検察官の主張の根拠）。
(4) 裁判所は被告人がどのような行為を行ったと認定したか（裁判所の事実認定）。
(5) 裁判所は検察官の主張に対してどのような「判断」を下したか。
(6) 裁判所がそのような判断を行った「理由づけ」はどうなっているか。

ではこのことを念頭に，いよいよ刑事判例を読んでみよう。

今回読む最高裁判例

今回読むのは，最高裁判所が平成17年3月29日に出した決定だ。昨日読んだのは"判決"で今日は"決定"ね。この2つは厳密に言うと違うんだけれど，いまは気にしなくていい。

この判例は「最高裁判所刑事判例集」，略称「刑集」の59巻2号54頁に載っている。さぁ，刑集を開いてみよう。次のようなものだ。

> 「主文
> 本件上告を棄却する。
> 当審における未決勾留日数中70日を本刑に算入する。
> 理由
>   弁護人（弁護人名省略）の上告趣意のうち，判例違反をいう点は，事案の異なる判例を引用するものであって本件に適切でなく，その余は，単なる法令違反，事実誤認，量刑不当の主張であって，刑訴法405条の上告理由に当たらない。
>   なお，原判決の是認する第1審判決の認定によれば，被告人は，自宅の中で隣家に最も近い位置にある台所の隣家に面した窓の一部を開け，窓際及びその付近にラジオ及び複数の目覚まし時計を置き，約1年半の間にわたり，隣家の被害者らに向けて，精神的ストレスによる障害を生じさせるかもしれないことを認識しながら，連日朝から深夜ないし翌未明まで，上記ラジオの音声及び目

覚まし時計のアラーム音を大音量で鳴らし続けるなどして、同人に精神的ストレスを与え、よって、同人に全治不詳の慢性頭痛症、睡眠障害、耳鳴り症の傷害を負わせたというのである。以上のような事実関係の下において、被告人の行為が傷害罪の実行行為に当たるとして、同罪の成立を認めた原判断は正当である。

よって、刑訴法414条、386条1項3号、刑法21条により、裁判官全員一致の意見で、主文のとおり決定する。

（裁判長裁判官　福田　博　裁判官　滝井繁男　裁判官　津野　修　裁判官　今井　功　裁判官　中川了滋）」（刑集54～55頁）

上告棄却とは

え、これだけ？　楽勝じゃないかなぁ。

そうこれだけ。でも、この判例を読みこなすのは、結構大変なんだよ。楽勝だなんてとんでもない。ゆっくりいくからね。まずは、シッシー、この裁判の結論は何？

結論って「主文」のこと？　民事判例のときと同じだよね。

うん。主文には何て書いてある？

えーっと、「ほんけんじょうこくを」っと、すみません、次の言葉の読み方は……。

「棄却」は「ききゃく」と読む。

　「ほんけんじょうこくをききゃくする」と。

　そう，この主文の法律学上の「意味」がわかるためには，「上告」と「棄却」という2つの概念がわからないといけない。民事判例のときも出てきた用語だけど，もう一度確認してみよう。ワッシー，「上告」って何？

　任せてください。国語は得意なんです。「上に告げる」のですから，より上の裁判所に訴えるっていうことじゃないですか。

　うん，大雑把に言うとそうなんだけれど，法律学の議論をするときは，もっと厳密に定義を理解する必要がある。法律用語というのは，制度との関係で厳格に定義が決まっていることが多いから，日常用語と同じ感覚でなんとなく使ってしまってはダメなんだ。見慣れた漢字の組み合わせでできている言葉も多いから，わかった気になってしまうんだが，そこに落とし穴がある。むしろ，新しい外国語を学ぶような気持ちで用語に接したほうがいいんだ。外国語を学ぶときは辞書をこまめに引いて意味を確認するよね。それと似たような感じで，初めて出会う法律用語は，その定義をしっかり確認する習慣をつけるといい。漢字から意味を推測するだけでは，法律用語の正確な意味を知ることは不可能なんだ。そういうときにとくに

役に立つのが,『法律学小辞典』だ。「上告」を引いてごらん。どんなことが書かれているかな? ワッシー読んでみて。

はい,えーと……。先生,「上告」のところを見ると,「民事訴訟法上」という説明と,「刑事訴訟法上」という説明の2つの部分がありますが……。

うん,この事件は,どっちだ? 民事訴訟つまり民事の裁判? それとも刑事訴訟つまり刑事の裁判?

刑事です! 青島,右京,ジーパンだからね!

そうだったね,だから「刑事訴訟法上」の定義を見る必要がある。

最初にこう書いてあります。「**高等裁判所がした判決に対する上訴。**」

はい,そこまででもういいよ。では「上訴」って何だろう? ワッシー,今度は「上訴」を引いてみてごらん。

はい。「**裁判が確定しない間に,上級裁判所へ,その取消し又は変更を求める不服申立方法。上訴には,控訴・上告・抗告の3種がある。**」

はい,そこまで。ここから何がわかるかっていうと,「上告」と「上訴」はとても似ている言葉だけれど,「上訴」が「上告」の上位概念であることがわかる。裏から言えば,「上告」は「上訴」の下位概念で,「上告」は「上訴」の

1つの種類のことだっていうことがわかる。「上告」は「高等裁判所がした判決に対する上訴」だったから、つまり、「**高等裁判所がした判決に対して、その裁判が確定しない間に、上級裁判所へ、高等裁判所がした判決の取消し又は変更を求める不服申立方法**」だということがわかった、というわけさ。高等裁判所から見ての上級裁判所は「最高裁判所」になるよ。

まいったなぁ、主文の「上告」って2文字分だけで、こんなに解説が長くなっちゃうの？ 上に告げるってことだと理解しただけではダメなんですか？

残念ながらダメなんだ。こういうところが、じつは、法律学の学習ではすごく大事なんだよ。基本となる制度や用語を、まずは、しっかりと正確に理解しておかないといけない。あやふやな知識ばかりだと法律学の勉強は「砂上の楼閣」になってしまう。

さじょうのろうかく？

「砂の上に建てた高い建物みたいなもので、土台がぐらぐらして、すぐに崩れてしまう」ってことだ。

最初からそう言えばいいのにぃ。すぐ知識をひけらかすんだから、先生は。とくに古い知識ね、うふふ。

「砂上の楼閣」くらいは使わせてくれよ。では、次の問題にいくよ。次は「棄却」だ。今度はシッシーが『法律学小辞典』を引いてごらん。

はい。「棄却・却下」というところがあって、あ、今度も「民事訴訟」と「刑事訴訟」が別々に書いてある。

そうだね。じつは、同じ言葉でも民事訴訟と刑事訴訟で意味が少し違う場合があるんだよ。

ほんとですか。それはめんどくさいですね。

うん、たしかに厄介だ。とりあえずいまは、「刑事訴訟」のほうの「棄却」を理解すればいいから、シッシー、刑事訴訟法上のほうを読んでみて。

「刑事訴訟法上は、事件についての請求を排斥する場合、不適法・理由なしのいずれについても『棄却』とし……」

はいっ、そこまでで、ストップ。この記述は、うーん、やはり初学者には結構難しいね。だから少し説明を加えながら噛み砕いて言うよ。

いいねぇ！　噛み砕き。噛み砕くの大好き。もとはというとハイエナの奴らに教わったんだけど、シマウマの骨なんて噛み砕くとね、カリカリと静かに始まる第1楽章から、緩やかなコリコリの第2楽章をへて、バリバリとガリガリが躍動する第3楽章へと至り、最終楽章のシャリシャリで一気に恍惚のクライマックスを迎える。最後はまた静かにニチャニチャ、ゴックンで終わるんだ。これはもう、ひとつの交響楽さ。歯と耳にじつに心地よく、とろけるような骨髄に達し

たとたん，口腔と鼻腔いっぱいに，えもいわれぬ繊細で芳醇な香りがじゅわーっと広がる……。一言で言うと，くせになる味。シマウマの骨には「骨の中の骨」「骨界の貴婦人」という称号まであるんだよ。とにかく食べだしたらもうやめられませんって。おまけにカルシウムは健康にもいい。のどにひっかけなければの話だけど。あぁ，想像しただけで，よだれが出てくる。憎らしいハイエナもときにイイことを教えてくれるもんだ。

 おどろいたなぁ。シッシー，君，食べ物の話になると，とたんに語彙が増えるし，表現力も豊かになるんだね。たいしたものだ。一度食レポ番組に出てごらんよ。「シッシーのサバンナ食べ歩き」とかどうかな。

 「獅子メシ」のほうがインパクトがある。

 うふふ。でも，ここは，ほんとに噛み砕くわけではなくて，「比喩」ね。「たとえ」だよ。要するに，難しい言葉をやさしく言いかえるってことさ。

 なんだ。食べられないのか……。

 では，「棄却」を噛み砕きます。『法律学小辞典』の記載は，裁判所が事件について，「不適法な請求」であるとか，「理由がない請求」であるとか判断して，その請求を排斥_{はいせき}，つまり，しりぞけることがある，ということを前提に書かれているんだな。じつは，請求をしりぞけるときに，「不適

法な請求」，つまり，「法律上そういう請求をすること自体が許されない」として，「門前払い」をして請求をしりぞける場合と，請求自体は適法で，門前払いはしないけれど，「裁判所が判断をした結果，その請求には理由がない」として請求をしりぞける場合があって，民事裁判では，用語が違うんだ。前者の「門前払い」，つまり裁判所に請求をすること自体ができないとする場合を「却下」，後者の「理由がない」という場合，つまり裁判所の門の中に入れてやって，言い分を聞いて判断した結果，その請求を認めることはできない場合を「棄却」といって，2つの場合を区別しているんだ。だから，『法律学小辞典』でも「棄却・却下」と説明されているんだね。ただ，いいかい，くどいけれど，この区別は，あくまでも民事裁判の場合だよ。刑事裁判の場合は違っていて，その2つのしりぞけ方を，両方とも「棄却」という。そんなわけで，最初に民事裁判の用語法を説明している『法律学小辞典』では，刑事裁判の用語法については，こういう書き方になっているんだね。こういう細かい知識は，君たちが訴訟法の勉強をするときに，また教わるはずなので，そのときにちゃんと理解すればいい。いまはわからなくてもいい。いまこの段階でわかってほしいことは，「**上告棄却**」とは，「**高等裁判所の判決についての不服申立て（上告）を，最高裁判所がしりぞける**」ということさ。ここまでいいかな？

はい，わかりました。で，先生，高等裁判所の判決についての上告が棄却されると，最終的に被告人の扱いはどうなるんですか？

高等裁判所の判決どおりでいい，っていうことになるね。

えぇ，ですから，この事件の被告人はどうなったんでしょう。最高裁の決定を読んでもそれがわからないようなんですが……。

そう，たしかにそれは最高裁の決定文だけからはわからない。だからそれを知るために高等裁判所の判決や地方裁判所の判決を調べないといけない。刑集を見ると，第1審判決，第2審判決，弁護人の上告趣意書も全部載っているから，最高裁判所の最終決定に至るまで積み重ねられてきた議論や判断の経緯がよくわかる。ネット情報ばかりに頼らずに，ちゃんと図書館に行って判例集を読んでみるのもとても面白くてオススメだよ。それから，話がややこしくなるから民事事件のときには触れなかったけれど，ここでついでに言っておくと，最高裁判所には最高裁裁判官の審理を補佐する最高裁判所調査官という人たちがいて，民集と刑集に登載された事件については，調査官の人たちが自分の担当した事件について個人的意見に基づいて解説をした『最高裁判所判例解説　民事篇・刑事篇』というのが年度ごとに刊行されている。これは俗に「調査官解説」とも呼ばれていて，判例を詳細に分析したり理解したりす

るのにとても役立つ。もっと勉強が進んだらいつかそれも読む日が来ると思うから、その存在だけでも今日は覚えて帰ろう。

　さて、そんなわけでワッシーの疑問に答えると、この事件の場合、第1審の奈良地方裁判所は被告人に「懲役1年」の有罪判決を出している（奈良地判平成16年4月9日）。その判決に不服だった被告人が「控訴」（第1審判決の第2審への不服申立てを「控訴」と言う）をして、第2審の大阪高等裁判所はその控訴を棄却している（大阪高判平成16年9月9日）。つまり、第2審判決は第1審判決への不服申立て（控訴）をしりぞけて、最高裁は第2審判決への不服申立て（上告）をしりぞけているから、結局、第1審の判決どおり、被告人は「懲役1年」の刑罰を科されたことになる。

未決勾留日数の刑期への算入

　わかりました。ところで、最高裁決定の主文にある「当審における未決勾留日数中70日を本刑に算入する」っていうのは何ですか？

　この事件の被告人は、裁判の間も身柄を拘禁されていたんだ。裁判確定前に被疑者・被告人が逃走したり証拠を隠したりしないようにするために拘禁することを「未決勾留（みけっこうりゅう）」と言うんだけど、その勾留期間の全部または一部を、刑期に算入することができることになっている。裁判が確定する前

から，被告人の自由がすでに拘束されているわけだから，その部分については言い渡される刑期がすでに執行されたものとして，刑期に組み入れて数える，ということだ。この問題は，裁判実務上は重要なことだけれども，シッシーとワッシーのような初学者は，あまり気にしなくてもいい。むしろ，上告棄却という判断に至った「理由」を理解することが重要だ。「理由」を要約するとどうなっているかな，ワッシー。

刑訴法 405 条の上告理由

えーっと理由はですね，2 つのことが書かれているように思います。1 つ目が，「**弁護人の上告趣意は刑訴法 405 条の上告理由に当たらない**」っていうこと。2 つ目が，「**原判決の是認する第 1 審判決の認定の事実関係の下において，被告人の行為が傷害罪の実行行為に当たるとして，同罪の成立を認めた原判断は正当である**」っていうことですかね。

ワッシー，よくできたね。それぞれの点について詳しく見ていこう。まず 1 つ目からいくよ。「上告趣意」とは何か。これは，刑事裁判において，上告を申し立てるその理由ということだ。当事者の双方，つまり刑事裁判では検察官と被告人の両方が，高等裁判所の判決に不服ならば上告できる。この事件の場合は，被告人側が上告していて，被告人の弁護人が「上告趣意書」という書面を提出しているんだけど，そこで

述べられていることが、「刑訴法405条の上告理由に当たらない」と最高裁は判断したわけだ。そうなると、次に、「刑訴法405条の上告理由」というのは何かが問題になるね。これは法律の条文を見るとすぐにわかる。刑訴法つまり刑事訴訟法の405条には、権利として上告ができる理由が書かれている。それは、

① 憲法違反や憲法解釈の誤りがある場合
② 最高裁判所の判例（それがなければ最高裁の前身の大審院の判例や高等裁判所の判例）への違反がある場合

この2つだ。この事件の上告趣意書で被告人の弁護人が主張したことは、この2つの上告理由のどちらにも当たらない、というのが、最高裁の判断だね。

 なるほど。

「なお書き」も判例

 じつはこの決定のように、「上告理由がない」として上告をしりぞけておきながら、「なお」で始まる書き出しで、上告趣意の主張を否定する形の判断を付け加える例はかなり多いんだ。そういった場合に、「なお」で始まる部分を「なお書き」と呼んでいる。この部分も重要な「判例」だとい

うのがふつうの考え方で,最高裁自身も「なお書き」部分を判例として取り扱っている。まさにいま読んでいるこの決定がそのいい例で,刑集の「決定要旨」のところに抜粋されているのは,「なお書き」の部分だ。ついでに言うと,有斐閣の『判例六法』の傷害罪(刑法204条)のところにも,この決定は「傷害」を肯定した判例として引用されている。その記述は「ラジオ,目覚まし時計を大音量で長期間鳴らしてストレスを与えたことによる**慢性頭痛症,睡眠障害等**」が傷害に当たるとなっていて,刑集の要旨をさらに要約したものだね。

「傷害罪の実行行為」

じゃあ「なお書き」の部分が,この判例を勉強するうえで,いちばん大事な部分なんだね。

そうだ。この裁判の場合は,被告人の行為が「傷害罪の実行行為」に当たると判断したことが重要。シッシー,被告人はどんなことをしたんだっけ? 最高裁の決定文を読んでみて。

「自宅の中で隣家に最も近い位置にある台所の隣家に面した窓の一部を開け,窓際及びその付近にラジオ及び複数の目覚まし時計を置き,約1年半の間にわたり,隣家の被害者らに向けて,精神的ストレスによる障害を生じさせるかもしれないことを認識しながら,連日朝から深夜ないし翌未

明まで，上記ラジオの音声及び目覚まし時計のアラーム音を大音量で鳴らし続けるなどして，同人に精神的ストレスを与え」たって書いてありますね。

 その結果，その隣人はどうなったのかな，シッシー？

 「よって，同人に全治不詳の慢性頭痛症，睡眠障害，耳鳴り症の傷害」を負わせたって書いてあるから，精神的にまいっちゃって，頭がずっと痛かったり，眠れなかったり，耳鳴りがするようになっちゃったってことか。1年半の間，毎日，朝から晩までの大音量じゃ，そうなるのも不思議はないね。被害者がほんとにかわいそうだ。**がおぉぉぉっ！**

 だから，うるさいってば。頭痛くなっちゃうじゃないか。

 「傷害」というとまっ先に頭に浮かぶのは怪我をした状態だろうけれど，この事件の被害者の身体的変調，つまり，「慢性頭痛症」とか「睡眠障害」とか「耳鳴り症」というのは，怪我をしたのと同じように，身体の生理的機能が損なわれているから，それもまた「傷害」だと考えてもあまり問題ないだろうね。ただ，この判例のいちばん難しいところは，被害者の身体に生じたそのような状態が「傷害」という結果に当たるかどうかというよりも，むしろ，そのような結果を引き起こした被告人の行為（ラジオや目覚まし時計で大きな音を流して嫌がらせをする行為）が「傷害罪の実行行為に当たるかどう

か」を問題にしている，という点なんだ。このことの法律学的な「意味」がわかるためには，じつは「刑法各論」の勉強，とくに傷害罪と暴行罪についての勉強が必要だ。シッシーとワッシーはまだ勉強を始めたばかりだから，そのことを知らなくても当然。だから，私からひととおり要点だけを説明するけれど，もうだいぶ頭が疲れただろうから，その前に一休みすることにしよう。

 賛成！

傷害罪と暴行罪

では授業を再開しよう。刑法には，傷害罪という犯罪が規定されている。典型的なケースは被害者を殴ったり蹴ったりして怪我をさせるようなケースだ。この場合，「殴る」とか「蹴る」という暴行行為があって，それが原因で「傷害」という結果が発生する。しかし，傷害は暴行以外の方法でも行うことができる。

どんな方法ですか？

たとえば，食中毒を起こす病原菌をこっそり被害者の食事に入れておいて，何も知らない被害者が実際にそれを食べて食中毒になった場合などがそれだ。殴ったり，蹴ったり，つまりは暴行をしなくても，このように，傷害を負わせることができる。「暴行という行為から傷害が発生する」のではなく，「（暴行には当たらないそれとは別の何らかの）傷害行為から傷害が発生する」場合もあるっていうことだね。

なるほど。

暴行から傷害という結果が発生する場合は，どこまでの故意があれば傷害罪になるのかも問題になる。加害者（被告人）が，最初から被害者に怪我をさせる（つまり傷害する）つもりで被害者に暴行を加えたのであれば傷害罪が成立

することには何も問題がない。しかし，傷害という結果が生じているが，加害者には殴るとか蹴るといった暴行についての故意があるだけで，傷害という結果を引き起こすつもりは全くなかったという場合はどうなるだろうか。その理由は省略して，結論だけを言うと，じつはこの場合も傷害罪が成立すると考えられている。つまり傷害罪には，厳密に言うと，次の3つの類型が全部含まれているんだ。

① 傷害の故意で被害者を暴行し，そこから傷害という結果が生じた場合。
② 傷害の故意はなく暴行の故意だけで被害者を暴行し，そこから傷害という結果が生じた場合。
③ 傷害の故意で被害者に（暴行ではない何らかの）傷害行為を行い，そこから傷害という結果が生じた場合。

この事件の場合，ラジオや目覚まし時計の大音量を隣家に向けて長期間にわたり日夜流し続けるという被告人の行為が，「暴行行為」なのか，「（暴行ではない何らかの）傷害行為」なのか，はたまた，「そのどちらでもない」のかが問題になる。もし，そのような行為が「暴行行為」だとすると，暴行の故意さえあれば十分で，傷害という結果を生じさせることまでを意図していても（①の場合），意図していなくても（②の場合），いずれにせよ傷害罪が成立する。しかし，もし，そ

のような行為が「(暴行ではない) 傷害行為」だとすると (③の場合)，傷害の故意がないかぎり傷害罪にはならない。さらに言えば，もしこの行為が暴行行為でも傷害行為でもないとなると，暴行罪も傷害罪も成立せず，せいぜい過失傷害罪が成立するかどうかが問題になるだけだ。こんなふうに被告人の行為の性質をどう考えるかにより，裁判所が認定すべき被告人の故意 (や過失) の内容が微妙に違ってくる。最高裁判所は，この事件については，ラジオや目覚まし時計の大音量を隣家に向けて長期間にわたり日夜流し続けるという行為が「傷害罪の実行行為に当たる」と判断した高等裁判所の判断を認めている。上の③に当たるという判断をしたことになるね。この場合，被告人に傷害罪が成立するためには傷害の故意がなければいけないから，「**精神的ストレスによる障害を生じさせるかもしれないことを認識しながら**」(刑集 55 頁) という一文がちゃんと入っているんだね。この部分は，被告人には「傷害の故意」があったということを，事件の事実に即して具体的に言っているわけだ。難しいかな？

 うん……？

 えっ，シッシー大丈夫!? たてがみどうしたの!?

 むずかしい。むずかしすぎる！ わからないぞ，
がおぉぉぉっ！

シッシーが何度も耳元で大声で吼えるから，ノイローゼになりそうだよ。でも，先生，僕もよくわかりませんでした。

いまはすぐに全部わからなくてもしかたない。だからシッシーもワッシーも絶望しないでほしい。いま私が言った傷害罪の類型やそれぞれの場合の故意の問題は，将来，「刑法各論」という授業でじっくり勉強すればいいことなんだ。いまはそこのところは十分にはわからなくてもかまわない。将来，刑法各論の勉強をして，その後でこの判例を読み直してみるといい。きっと新しい発見があるはずだから。2人は法学初心者だから，今日のところは，ひとつの事例として，「大音量を流し続けること」も「傷害行為」になる場合がある，ということを覚えておくだけでも十分だよ。

大音量とはどのくらいか

ところで，ちょっと気になるんですが，この判例にいう「大音量」っていうのは，実際はどのくらいの大きさだったんでしょう。

いい質問だね。最高裁の決定文からはわからないけれども，第1審の判決はその点についてずっと詳しい事実を認定している。こんなふうに。

(第1審・奈良地方裁判所の認定)

「関係証拠によれば、被告人は、被害者方に向けて、判示のとおり平成14年6月ころから平成15年12月3日ころまでの間、連日朝から深夜午前1時ころないし午前4時ころまでラジオの音声や目覚まし時計のアラーム音を鳴らし続けていたこと、平成15年10月1日午後1時50分ころから午後2時50分ころまでの間及び同年11月12日午後5時35分ころから午後6時5分ころまでの間に被告人方から発せられた騒音を測定したところ、被告人方敷地の境界から約1メートル離れた被害者方家屋東側軒下において最大値が79.1デシベル及び79.3デシベル、平均値が70.2デシベル及び70デシベル、被告人方の方向に開口部のある被害者方1階台所において、窓ガラスを開放した状態で、最大値が66.3デシベル及び70.9デシベル、平均値が56.6デシベル及び61.7デシベル、窓ガラスを閉じた状態で、最大値が59.6デシベル及び63.2デシベル、平均値が51.2デシベル及び49.7デシベル、同じく被告人方の方向に開口部があり被害者が寝室として使用している被害者方2階和室において、二重になった窓ガラスを開放した状態で最大値が61.8デシベル及び72.3デシベル、平均値が57.5デシベル及び61デシベル、この窓ガラスを閉めた状態でも最大値が51.3デシベル及び45.8デシベル、平均値が38.3デシベル及び37.4デシベルあったこと、騒音は80デシベルで地下鉄や電車の車内に、70デシベルで電話のベル、騒々しい事務所の中や街頭に、60デシベルでも静かな乗用車や普通の会話に匹敵するものであること、正常な風俗環境の保持を目的とする奈良県風俗営業等の規制及び業務の適正化等に関する条例では、第1種低層住居専用地域に属する判示の地域において、日出

> 時から午前8時までが45デシベル，午前8時から日没時までが50デシベル，日没時から午後10時までが45デシベル，午後10時から日出時までが40デシベルとされており，また，中央環境審議会答申の屋内指針では，一般地域で昼間については，会話影響に関する知見を踏まえて45デシベル以下，夜間については，睡眠影響に関する知見を踏まえて35デシベル以下とすることが適当と考えられていることが認められる。」（刑集68～69頁）

やはり測定してみても相当大きな音だったってことですね。

うん。

そういうのは一種の音の暴力だから，暴行だと言えないんですか？

そこはかなり重要な論点だ。従来の判例にも，人の近くで「大太鼓や鉦（かね）を打ち鳴らす」行為が暴行だとされた例はあるから，ワッシーの考え方はイイ線いってるんだ。でも，この事件では，裁判所はそういう考え方をとらず，被告人の行為は，暴行ではなく，それとは別の傷害行為だと認定している。第1審判決はこう述べている。

> 「ところで，傷害罪の実行行為としての暴行は，暴行罪における

それと同義で，人の身体に対する物理的な有形力の行使であるところ，上記認定事実によっても，被告人の発する騒音の程度が被害者の身体に物理的な影響を与えるものとまではいえないから，被告人の上記行為は暴行にはあたらないといわざるを得ない。

　しかしながら，傷害罪の実行行為は，人の生理的機能を害する現実的危険性があると社会通念上評価される行為であって，そのような生理的機能を害する手段については限定がなく，物理的有形力の行使のみならず無形的方法によることも含むと解されるところ，関係証拠によれば，長時間にわたって過大な音や不快な音を聞かされ続けると精神的ストレスが生じ，過度な精神的ストレスが脳や自律神経に悪影響を与えて，頭痛や睡眠障害，耳鳴り症といった様々な症状が出現することが認められ，このような事実によれば，騒音を発する行為も傷害罪の実行行為たりうるというべきである。そして，冒頭で認定の事実，とりわけ，被告人が被害者に向けて騒音を流し続けた期間が約1年6か月もの長期間にわたっていること，1回の時間帯も朝から深夜までの長時間で，通常人が就寝している深夜にまで及んでいること，騒音の程度も被害者方敷地はもとより屋内でも窓を開放した状態では，最大値は地下鉄や電車の車内あるいは騒々しい事務所の中や街頭並み等であり，平均値でも上記条例や指針の基準を大幅に上回り，窓を閉めた状態でも最大値は静かな乗用車や普通の会話並み等で上記基準を超えており，平均値でもこの基準を超えるかほぼ同じ程度であること等に照らすと，被告人の上記行為は，被害者に対して精神的ストレスを生じさせ，さらには睡眠障害，耳鳴り，頭痛等の症状を生じさせる現実的危険性のある行為と十分評価できるから，傷害罪の実行行為にあたるというべきである。」(刑集69〜70頁)

暴行は「人の身体に対する物理的な有形力の行使」でなければいけないので、被告人の行為は、暴行には当たらない。しかし、被告人の行為は、「精神的ストレスから睡眠障害、耳鳴り、頭痛等の症状を生じさせる現実的危険性のある行為」だから、傷害罪の実行行為には当たるというんですね。

まさにそのとおり。

実行行為って何？

劣等生の僕なんで、いまさら聞きにくいんだけど、どうして「実行行為」なんていうわかりにくい言葉を使うんですか？「傷害罪の実行行為に当たる」なんて難しいことを言わないで、たんに「傷害罪だ」と言ってしまえばいいのに。そこがどうにも、さっきからわからない。

言われてみるとたしかにそうだ。シッシーに教わることもあるんだね。

君、いまのセリフ、相当失礼だよ。

うん、シッシー、じつにいい質問だ。

ほんと？ ほめられちゃったよ、またしても。あぁ嬉しいな、**がおぉぉぉっ！**

わっ！ 心臓が止まるかと思った。急に大声で叫ばないでよ。怖すぎて PTSD になりそうだよ。

殺人罪を例に考えると

シッシーの質問は本当にいい質問だ。さっき「暴行」と「傷害罪」の関係について話したけれども，もっと土台となる考え方を説明しないと，シッシーの疑問には答えられないんだ。せっかくだから，説明するよ。犯罪が成立するかどうか考えるときは，「実行行為」と「結果」と「因果関係」（その「実行行為」からその「結果」が生じた，という関係）と「故意」という４つの要素が重要になる。わかりやすい「殺人罪」を例にとろう。法律の条文には，こう書いてあるだけだ。

【刑法 199 条】
人を殺した者は，死刑又は無期若しくは５年以上の懲役*に処する。

　　＊令和４年刑法等改正法（法 67 号）施行後は「拘禁刑」となる。

このようにあっさり書かれている条文だけれども，殺人罪が成立するための条件を細かく見ると，次の４つの条件がそろわないとダメなんだ。

> ① 殺人罪の実行行為があること
> ② 人の死という結果が生じたこと。
> ③ その結果は殺人罪の実行行為から生じたこと（①と②に因果関係があること）。
> ④ 行為者に殺人の故意があったこと。

シッシーの疑問は、傷害罪についてのものだったけれど、殺人罪で言えば、どうして①から④に分けて考えるのか、とくに①の「殺人罪の実行行為」と②の「人の死という結果」を分けて考えるのか、っていうことだね。そうする理由は、殺人行為と呼べる行為から、人の死という結果が発生しないと、殺人罪とするに値しないからだ。たとえば、飛行機が落ちることを期待して、憎らしい相手に航空券をプレゼントしたところ、本当にその飛行機が墜落して、憎らしい相手が死んでしまったとしよう。これは殺人罪だろうか。そう考えるのは何か変じゃないかい？

たしかに変だと思う。

それはね、このような場合には、「殺人行為」と言えるようなものがないからなんだ。航空券をプレゼントするっていう行為は、ピストルで撃ったり、ナイフで刺したり、毒を飲ませたりする行為とは、かけ離れているっていうことだ。また、そのほかにも、不都合が生じる場面がある。たとえば未

遂罪の場合を考えてみよう。殺人罪のような重大犯罪の場合，人を殺そうとして殺せなかった場合も，殺人未遂罪として処罰されるっていうことは，みんな知っているよね。

もちろんだよ。そのくらい僕だって知ってるよ。

未遂の場合は人の死という結果は発生していないよね。

えぇ，「未遂」つまり「いまだ遂げず」ですからね。

では具体的に言うよ。殺意をもってピストルで狙って引き金を引いて発砲したけれど，狙った人から弾丸がわずかにそれて，その人が死ななかったっていう場合はどうなるかな。

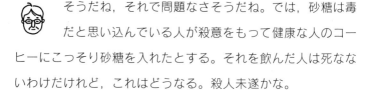
当然，それは殺人未遂だよ。

そうだね，それで問題なさそうだね。では，砂糖は毒だと思い込んでいる人が殺意をもって健康な人のコーヒーにこっそり砂糖を入れたとする。それを飲んだ人は死なないわけだけれど，これはどうなる。殺人未遂かな。

それは変でしょう。殺人未遂じゃないですよ。

なぜそう言えるの？　砂糖を入れた人には殺意があったんだよ。そして殺したい人のコーヒーに砂糖を入れ

るというハッキリした行動もしているんだよ。人を殺そうとして何らかの行動を起こしたが，その人は死ななかった。これ，殺人未遂じゃないの？　もしそれが違うと言うなら，どうしてだい。その理由を説明してごらん。

そう言われると，ちょっと考えちゃうな。

法律学ではこの場合を「砂糖をコーヒーに入れるのは殺人罪の実行行為ではないから」と説明するんだ。その行為そのものの性質を，結果とはいったん切り離して考える実益はこういうところにあるんだよ。

傷害罪で考えると

とまぁ，そんなわけで，この事件のように，暴行によらない傷害罪の成立を認めるときにも同じように考えて，

---
① 被告人の行為が傷害罪の実行行為に当たること。
② 被害者に傷害の結果が生じたこと。
③ ①と②の間に因果関係があること。
④ 被告人には傷害の故意があったこと。

刑事判例の読み方

という，4つの点を立証する必要があるんだ。この事件では，②については被害者の身体の不調が傷害という結果に当たることは問題がなさそうだけれど，①，③，④についてはそんなに簡単ではない。実際，被告人の弁護人は，上告趣意書の中で，「傷害の実行行為や因果関係を認定することには大きな疑義がある」とか，被告人には「傷害の故意は存在しない」と主張したんだ（刑集55〜67頁）。だから，最高裁のこの決定は，その点をちゃんと意識して書かれているんだけれど，わかるかな。もう一度，最高裁の決定文を見てみよう。こう書いてあったよね。

> 「被告人は，自宅の中で隣家に最も近い位置にある台所の隣家に面した窓の一部を開け，窓際及びその付近にラジオ及び複数の目覚まし時計を置き，約1年半の間にわたり，隣家の被害者らに向けて，精神的ストレスによる障害を生じさせるかもしれないことを認識しながら，連日朝から深夜ないし翌未明まで，上記ラジオの音声及び目覚まし時計のアラーム音を大音量で鳴らし続けるなどして，同人に精神的ストレスを与え，よって，同人に全治不詳の慢性頭痛症，睡眠障害，耳鳴り症の傷害を負わせたというのである。」（刑集54〜55頁）

では，いまから順番に種明かしをするよ。この決定文のうち，「被告人は，自宅の中で隣家に最も近い位置

にある台所の隣家に面した窓の一部を開け，窓際及びその付近にラジオ及び複数の目覚まし時計を置き，約1年半の間にわたり，隣家の被害者らに向けて，……連日朝から深夜ないし翌未明まで，上記ラジオの音声及び目覚まし時計のアラーム音を大音量で鳴らし続けるなどして，同人に精神的ストレスを与え」という部分が①，つまり「傷害罪の実行行為」の部分だ。次に，「同人に全治不詳の慢性頭痛症，睡眠障害，耳鳴り症の傷害を負わせた」という部分が②，つまり「傷害の結果」が生じたという部分，さらに，「精神的ストレスによる障害を生じさせるかもしれないことを認識しながら」という部分が④つまり「傷害の故意」についての記述だ。

なるほど。でも先生，③の因果関係はどこにあるんですか。①と②の間に因果関係があるなんてどこにも書かれていないようですが。

いや，ちゃんと書かれているよ。

え，どこに？

僕もわかりませんが。

2人とも，よく接続詞を見てごらん。「被告人は……などして，**よって**，……傷害を負わせた」ってあるよね。この「よって」にもちゃんと意味があるんだ。「よって」

の前にある部分は「実行行為」の説明，後に続く部分は「結果」の説明だ。この2つが，「よって」で結ばれることにより，「傷害罪の実行行為が原因で傷害という結果が生じた」という関係，つまり因果関係もちゃんと述べられているっていうことになる。

あっ，そうなのか！　なんだか面白いなぁ。

シッシーにそう言ってもらえるとすごく嬉しいよ。

推理小説で謎が解明されていくみたいな，スリリングな感じがします。

その謎を解くカギは，法律学の基本的な理論を知っているかどうか，っていうことなんだ。だから，判例を本当によく理解するためには，その一方で，制度や理論の勉強が欠かせない。制度や理論の勉強が進むと，判例の表現の意味がよくわかるようになるんだね。

なるほど。最高裁は，「なお書き」の中で，傷害罪の実行行為，傷害の結果，実行行為と結果の因果関係，傷害の故意について述べることで，弁護人が上告趣意書の中で提起したこれらについての疑問にも答えた，というわけですね。

そのとおり。さて，最高裁決定を素材にした刑事判例の読み方の講義は，これでおしまい。2人ともお疲れさまでした。

シッシーの疑問

先生，ちょっと待って！

なんだい？

この事件の被告人のことなんですけど，そもそも，どうして隣の家の人たちにそんな嫌がらせをしたんですか？　その原因が知りたいんです。

その点については詳しいことはよくわからないんだけど，第1審の奈良地裁の判決文に少しだけ事情が書かれている。こう書いてあるね。「被告人は，かねて被害者らとの間で確執があり，名誉毀損罪で刑事告訴され逮捕勾留されたことから，一方的に悪感情を抱き，被害者らへの嫌がらせのため本件犯行に及んだ」(刑集72頁)，具体的には，「被告人は，被害者の子供がキャッチボール中被告人の使用する自動車にボールを当ててしまったこと等を契機に，被害者との間で確執が生じ，平成12年には，被害者の家族を中傷して名誉毀損罪で刑事告訴されて逮捕勾留されたところ，この件で起訴猶予処分になり，釈放された直後からラジオ音声を鳴らすようになり，これをエスカレートさせて判示の行為に及んだ」(刑集71頁)って。

なんだか，ちょっと悲しくなっちゃう話だな。ずっと仲が悪かったんですね。この事件の被害者は本当にかわいそうだけど，被告人も不幸な人だなぁっていう感じがします。どうしてこんなところまでいっちゃったのかなぁ。ほかにもっと幸せになれる方法はなかったのかなぁって，思っちゃうよ。

シッシーは心優しいね。たしかに，民事訴訟でも刑事訴訟でも加害者も被害者もどちらも不幸なケースが多い。法律学は裁判という場で法律をどう適用するかを議論する学問ではあるけれど，それだけにとどまらない。シッシーのような，優しい思いをもって，どうしたらもっと早い段階でトラブルを解決できただろう，どうしたらトラブルの発生を予防できるだろうって考えるのも，これまた法律学の重要な仕事だよ。

判例の勉強もいいけれど，僕はそういう勉強がしたいな。やる気がわいてきたからまたひと吼えしちゃお！

がおぉぉおっ！

もう，シッシーってば。君の大音声は傷害罪に当たるんじゃないかい。君の吼え声が原因で僕の鼓膜が破れたり，頭痛が引き起こされたり，場合によって僕がPTSDになってしまったりしたら，君は犯罪者になるかもしれないよ。注意したほうがいいよ。いま勉強したばかりじゃないか。

うふふ，大丈夫。君を傷つけるっていう「故意」がないもん。

シッシーくん，甘いね。先生に教わったでしょ。傷害罪には，暴行の故意だけで暴行を加えたところ傷害の結果が生じてしまった場合も含まれるって。君の大音声は「暴行」に当たるかもしれないんだよ。人の身辺で大太鼓や鉦を打ち鳴らした行為を「暴行」と認定した判例もあるって教わったしね。君の大音声が同じように暴行だとすると，傷害についての故意までなくても，君には傷害罪が成立する可能性があるんだってば。

うふふ，2 人ともだいぶ法律学の知識が増えたようだね。議論はそのくらいにして，ごはんを食べに行こうか。

大賛成！　おなかぺこぺこだよ。先生，何を食べに行きますか。

シマウマの骨以外のもの。

刑事判例の読み方

Ⅳ おわりに

シッシー，判例を読む勉強，どうだった？　面白かったかな？

うーん，じゃあ正直に言うよ。先生はガッカリしちゃうかもしれないけど，よくわかったところがちょっとあって，わからないところがかなりあって，わかったのかわからなかったのか自分でもよくわからないところが，すごくたくさんあったかな。

なるほど。「わかったのかわからなかったのかよくわからない」か。メンドクサイ言い方になるけれど，「わかったのかわからないのかよくわからない」というその気持ちはよくわかるよ。うふふ。シッシーは，民法の勉強も刑法の勉強もまだ本格的にしたことがないから，その段階では今回読んだ判例を隅から隅まできっちり理解しようというのは無理がある。だから，最初は，少しゆったりした気持ちで，とりあえず「よくわかった」と言えるところがあれば，それをしっかり自分の知識にしていけばいいんだよ。誰でも最初はみんなそうな

んだ。

そうなの？　じゃあ、いまはスッキリできなくてもいいんだね？

大丈夫。法律学の勉強というものは、最初のうちは、自分が何がわからないかということもよくわからず、なんだかつかみどころがなくて、手応えが感じられないものなんだ。レンズのピントが最初は合わないで、そのために全体にモヤがかかったようになっている。でも少しずつ、部分ごとにピントが合ってきて、全体の視界が徐々にクリアになってくる。たとえて言えば、そんな感じかなぁ。それにつれて、自分にはどこのどういう問題がよくわからないかっていうこともわかってくる。何がわからないかを、自分の言葉で詳しく説明できるようになったら、その人はだいぶ勉強が進んだ人に違いないよ。逆説的な言い方をすると、法律学の場合、勉強をすればするほど、わからないことが増えてくると言ってもいい。勉強不足のうちには、問題がどこに隠れているのかも、わからない。でも、いろいろ知識が増えてくると、この条文や判例はここがあいまいだとか、この学説ではこういう問題が説明できないというふうに、自分自身で問題に気づくようになる。

それを聞いて少し安心したよ。

ちなみに私自身が法学部に入ったのは1980年のことだったけど、いちばん最初に聴いた法律学の講義の

ひとつが民法総則で，講義が始まってまもなく「権利の濫用の禁止」ということを教わった。先生が講義の中で「宇奈月温泉事件」（昭和10年10月5日）という判例に触れたことをよく覚えている。第2次世界大戦前の事件で，最高裁の前身の大審院が出した判決だ。この時代の判決文は，カタカナ文語体。歴史的仮名づかいで濁点もつかないし，句読点もつかないから，読み下すだけでもひと苦労さ。宇奈月温泉事件の判例はこんな感じだからね，とにかくよくわからなかった。

「所有権ニ対スル侵害又ハ其ノ危険ノ存スル以上所有者ハ斯ル状態ヲ除去又ハ禁止セシムル為メ裁判上ノ保護ヲ請求シ得ヘキヤ勿論ナレトモ該侵害ニ因ル損失云フニ足ラス而モ侵害ノ除去著シク困難ニシテ縦令之ヲ為シ得トスルモ莫大ナル費用ヲ要スヘキ場合ニ於テ第三者ニシテ斯ル事実アルヲ奇貨トシ不当ナル利得ヲ図リ殊更侵害ニ関係アル物件ヲ買収セル上一面ニ於テ侵害者ニ対シ侵害状態ノ除去ヲ迫リ他面ニ於テハ該物件其ノ他ノ自己所有物件ヲ不相当ニ巨額ナル代金ヲ以テ買取ラレタキ旨ノ要求ヲ提示シ他ノ一切ノ協調ニ応セスト主張スルカ如キニ於テハ該除去ノ請求ハ単ニ所有権ノ行使タル外形ヲ構フルニ止マリ真ニ権利ヲ救済セムトスルニアラス」（大審院民事判例集14巻1976頁）

これを，最初からすらすら読めて，その意味も正確にわかったらたいしたものだが，当時の私はそんなに簡単には読めなかった。じつはいまでも，民法総則を勉強しよう

と思ったら，間違いなくこの判例に出会うはずだ。法学部生が「権利の濫用の禁止」という法理を勉強するときに，まっ先に知っておくべき判例がこの宇奈月温泉事件の判例であることは，私の学生時代といまだに何ら変わりがない。論より証拠，有斐閣から出ている『民法判例百選Ⅰ 総則・物権』（第9版，2023年）でも，相変わらず1番，つまり最初の判例がこの「宇奈月温泉事件」なんだよ。

 先生の学生時代から教えられていた判例に加えて，その後の新しい判例も勉強しなければならないとなると，毎年毎年，勉強する内容が増えるっていうこと？

たしかに重要判例の数は年々増えるね。それは大変かもしれないけれど，法律学の勉強がそれだけ面白くなるとも言える。なんでも勉強にのぞむ心の持ち方次第だよ。それに，最初に言ったように，判例は時代とともに変わるものだから，古い判例が新しい判例に変更されて置き換えられるために古い判例を勉強する必要がなくなることもあるし，判例の内容を取り入れた新しい法律が制定されたり，法律そのものが廃止されたりして，その判例を勉強する必要性が低くなってしまう，ということもときに起こる。こういった場合は，むしろ学ぶべき判例が減る。

 ふーん，そうなんだ。

ワッシーは2つの判例の読み方を勉強してみて、どんな感想を持ったかな？

 そうですね。判例の読み方って、教わらないと難しいものだなって思いました。教えていただいた判例でも、どうして最高裁がそのような判断を下したかは、法律学の理論や、事件が上告された理由を知らないと十分に理解できないことがわかりました。あと、先ほど読んだ刑事判例のように、細かい事実がどうなっていたかということや、最高裁が上告を棄却した結果、被告人が具体的にどのような刑罰を科されることになったのかなどは、元の判決、つまり原審（第2審）や原々審（第1審）の判決にまでさかのぼらないとわからないことがあるっていうのがちょっと意外でした。でも、最高裁の事件が、上告されるまでに第1審、第2審でどのような経過をたどってきたかを知ると、法律学ってダイナミックなものなんだなぁ、という実感が持てました。

それは嬉しい感想だね。『判例六法』で関連条文のうしろについていたり、『判例百選』のような学習教材にまとめられている判例の要旨は、それ自体はとても抽象的なものであることが多い。法的な判断としてはその抽象的な部分が重要なんだけれど、それだけを学んでも、なんだかピンと来ないし、その判断が下されるまでの、当事者や法律家たちの情熱や悩みや決断のようなドラマチックなものが見えてこない。せっかく判例を学ぶのだったら、ぜひ、「民集」や「刑集」を

おわりに

実際に読んで，原々審や原審の判決や上告の理由にまでさかのぼって具体的な事件の経過を追体験してほしい。判例の勉強をする醍醐味が味わえるはずだからね。

 わかりました。

 では，このへんで失礼するよ。シッシーとワッシーと会えて，短い間だったけれど一緒に勉強できて，楽しかったよ。どうもありがとう。じゃあ，またいつか会おう。さようなら！

 アオキ先生，さようなら。

 お世話になりました！

 先生，行っちゃったね。

 あぁ，帰ったようだね。

 じゃあ，そろそろ，元に戻る？

 そうしようか。

ふううっ。

 はああっ。

 鷲殿，頭脳明晰な名君の誉高き朕がシッシーなぞという「うつけ」を演じるのは，じつに苦労であったぞ。

 獅子殿，貴殿の御苦労，お察し申す。あのアオキとかいう教師じゃが，宇奈月温泉事件の判例ごときで苦労したと語っておったが，笑止千万であるな。

 いかにも。たしかにあれは噴飯物じゃった。奴の無教養ぶりには同情を禁じ得ぬ。われら王たる者，帝王に相応しい教養を身につけるため，幼少のうちから東西の碩学たちを招いては古典の素読を繰り返しておった。サバンナや天空にただ遊び暮らしていたわけではないわ。宇奈月温泉事件判決など，なんの苦もなくスラスラと読み下せるわ。

 いかにも。ここはひとつ，獅子殿，貴殿の大きな美声にて判決文を読み下してみてはくださらんか。

 朕にお任せあれよ，

「所有権に対する侵害又はその危険の存する以上，所有者はかかる状態を除去又は禁止せしむるため裁判上の保護を請求し得べきや

> 勿論なれども，該侵害による損失いうに足らず，しかも侵害の除去いちじるしく困難にして，縦令これをなし得とするも莫大なる費用を要すべき場合において，第三者にして，かかる事実あるを奇貨とし不当なる利得をはかり，殊更侵害に関係ある物件を買収せるうえ，一面において侵害者に対し侵害状態の除去をせまり，他面においては該物件その他の自己所有物件を不相当に巨額なる代金をもって買取られたき旨の要求を提示し，他の一切の協調に応ぜずと主張するがごときにおいては，該除去の請求は，単に所有権の行使たる外形を構うるにとどまり，真に権利を救済せんとするにあらず。」

 とまあ，このとおり，お茶の子さいさいじゃ。アオキの奴めに聞かせてやりたかったの。

 ところで，獅子殿，貴殿の美声にてのご朗読，思わず聞き惚れたが，不本意なことに，われら両人とも，頭脳こそ自力で元に戻ったものの，肉体はいまだシッシー，ワッシーの体，世を忍ぶ仮の姿のままじゃ。われらをかくのごとき赤面を禁じ得ぬ姿に変えおった「くのいち」たちを再度召喚せねばなるまいな。

 む，何奴じゃ！！

  獅子王様，鷲王様，お呼びでございましょうか。「くのいち」のナカノとミヤケにございまする。

御機嫌うるわしゅう。

 おお,両名ども,苦しゅうないぞ。もそっと近う寄れ。

 私どもの秘術にて再度,両王様を元のお姿にお戻しいたします。ユウヒカクの呪文！

臨・兵・闘・者・神・保・町・二・丁・目！

 おおっ！ 体が元に戻ったぞ。久しぶりに社章の外に出て,なんだか力がみなぎってきたな。ナカノ,ミヤケ,感謝いたすぞ。

 かたじけのうございます。

 うむ,これならば,少なくともあと半世紀は片脚立ちができそうじゃ。

 余も心なしか前より少し太って健康になったようじゃ。

 では,相棒殿,そろそろ社章に戻るといたすか。

 うむ。

 お,そうだ,そこもとらに,ちと相談がある。

おわりに

なんなりと。

 次にまた社章から出て勉強するときは、その、ほれ、なんじゃの、ちと若い女性の先生を用意してくれんかの。あのアオキとかいう男と一緒というのは、はなはだ不粋じゃ。

 おそれながら、申し上げます。そのようなことを口になさいますと、公明正大な賢王として老若男女の尊敬を一身に集めていらっしゃる獅子王様の御名声に傷がつこうというもの。いまのお言葉、聞かなかったことにさせていただきます。

 王というのはつらいものじゃな。

 いかにも。ノブレス・オブリージュ（noblesse oblige）。高貴さには義務がともなう。

 では、さらばじゃ！

 またいつか会おうぞ！

獅子王と鷲王が無事また社章にお戻り遊ばしたようね。

あねさま，最後にひとつ聞いていい？　なぜアオキ先生を指南役に？

それはね，アドレス帳のいちばん初めに名前があったから。

50音順でしたか！

あとがき

　2014年の春の日のことであった。有斐閣編集部の中野亜樹さんと三宅亜紗美さんに呼び出された。約束の場所に赴くと，人なつこい笑顔の中野さんと，ひっそり物静かな三宅さんが，私を迎えてくれた。妙齢の女性からのお誘いは，ただでさえ楽しいものだが，中野さんがいきなりこう言ったのだ。「編集者の目から見ても，先生のお書きになる文章はおもしろいです」と。私の口元と目元は，その途端，だらしなくゆるんだ。およそ文筆をなりわいとする者にとって，文章をほめられることほど，うれしいことはない。

　「うぬぼれ心」という弱点をずばり射抜かれた私は，「有斐閣の社章の獅子（シッシー）と鷲（ワッシー）が登場する楽しく易しい判例入門書を書く」という仕事を，二つ返事で引き受けてしまった。「くのいちナカノ・ミヤケ」の見事な手管に，あっさりやられた。

　「有斐閣の従来の殻を破るような本を作りたいので，思い切り自由に書いてください」とも，中野さんは言った。でも，そうはいっても有斐閣である。法律出版界における有斐閣は，放送界におけるNHKみたいなものだ。仮に，NHKが「従来の殻を破る」と宣言して，民放の深夜バラエティ番組を真似したとしよう。どんな結果になるかは，容易に想像がつく。ふざけなれていない者は，無理してふざけないほうがいい。また，素材も素材だ。「判例の読み方」である。おもしろおかしく書けるはずがない。

　そんなわけで，執筆を引き受けてしまったものの，一行も書けない日々が長く続いた。その間，私は，みずからの軽率さを何度も後悔した。

　ところが，2年以上の月日が経ったある日，シッシーとワッシーが，ようやく，そして突然，私の中で「動き出した」のである。不思議なことに，その日からは，ほとんど一気に原稿を書き上げることができた。それはあたかも，シッシーとワッシーが，「早く社章の外に出せ」と私に要求してきたかのようだった。

注文どおりの「楽しく易しい本」が出来たかどうかは，読者のみなさんに判定していただくしかない。ただ，著者として自負していることもある。それは，この小さな本の中に，教室ではじっくりと教えてもらえないかもしれない，きわめて初歩的な知識を，丁寧に書き込んだことである。法学教師にとっては常識に属するようなことに，初学者がつまずいてしまうことは，あんがい多いからである。

　本書を書くにあたっては，多くの方々にお世話になった。弁護士の矢野謙次さん，裁判官の林まなみさん，大学院生の吉田聡宗さんからは，執筆過程でそれぞれ有益なアドバイスをいただいた。心よりお礼を申し上げる。3人は一橋大学法学部の卒業生で，在学中はみな私のゼミナールに所属していた。「自慢の教え子」に助けられて本を出せるのは，なんと幸せなことか。まさに教師冥利に尽きる。また，一橋大学の同僚である橋本正博さんと滝沢昌彦さんのお2人も，親切に質問に答えてくださった。ありがたいことである。

　さらに，シッシーとワッシーをはじめとする本書の登場キャラクターに形と命を与えてくださったシマダノリヒコさんには，お礼の言葉も見つからない。本書が楽しいものになっているとすれば，それはイラストの力によるところが大きい。

　最後に，本書を企画し，辛抱強く原稿の完成を待ち，原稿が出来てからは緻密かつ迅速に細かい作業を進めてくださった中野亜樹さんと三宅亜紗美さんのお2人に，心からの感謝を捧げる。お2人との約束を破らずに済んで，ほっとしている。

　おもえば，1980年に法学部に入学して以来，有斐閣の六法や書籍にはずいぶんお世話になってきた。あらためて私の書架をながめると，ここにも，かしこにも，シッシーとワッシーがいる。本書を書き終えた今，有斐閣の社章がいとおしくてたまらない。

2017 年 3 月
青 木 人 志

著者紹介

青木人志（あおき・ひとし）

一橋大学大学院法学研究科教授
1961 年（昭和 36 年）山梨県富士吉田市生まれ

趣　味

ワードゲーム（Boggle, Scrabble, たほいや），言葉遊び（句会，連句，アナグラム），卓球（プレーも観戦も好き）。

学生時代の思い出

富士北麓から上京しての大学生活は，バラ色とは言いがたいものでした。しかも就活期に長期入院。「窮余の一策」で大学院に進学したのです。当時もし健康であったら，本書は生まれていません。「人間万事塞翁が馬」。

読者へのメッセージ

白状します。シッシーとワッシーは私自身です。かつて私は，正確な基礎知識をもたぬまま，漫然と判例を読んでいました。歳をとると，後悔のみならず，誰かの役に立ちたい気持ちも増大します。ですから，本書では，初学者向けの判例指南に，その失敗体験を活かすよう努めました。皆さんが私と同じところでつまずかないように。なお，姉妹書『法律の学び方――シッシー＆ワッシーと開く法学の扉』（有斐閣）もあります。

判例の読み方

シッシー&ワッシーと学ぶ

2017年 4 月30日　初版第 1 刷発行
2024年 1 月30日　初版第 5 刷発行

著　者　**青木人志**

発行者　**江草貞治**

発行所　**株式会社　有斐閣**

郵便番号 101-0051
東京都千代田区神田神保町 2-17
https://www.yuhikaku.co.jp/

組　版　株式会社明昌堂
イラスト　シマダノリヒコ
印　刷　萩原印刷株式会社
製　本　牧製本印刷株式会社

©2017, AOKI Hitoshi. Printed in Japan
落丁・乱丁本はお取替えいたします。
ISBN978-4-641-12595-7

JCOPY 本書の無断複写(コピー)は、著作権法上での例外を除き、禁じられています。複写される場合は、そのつど事前に、(一社)出版者著作権管理機構(電話 03-5244-5088、FAX 03-5244-5089、e-mail:info@jcopy.or.jp)の許諾を得てください。

本書のコピー，スキャン，デジタル化等の無断複製は著作権法上での例外を除き禁じられています。本書を代行業者等の第三者に依頼してスキャンやデジタル化することは，たとえ個人や家庭内での利用でも著作権法違反です。